Den Alltag meistern mit ADHS

Manfred Döpfner
Ilka Eichelberger
Christina Dose
Charlotte Hanisch
Stephanie Schürmann
Tanja Wolff Metternich-Kaizman

Den Alltag meistern mit ADHS

Das Arbeitsbuch für Lehrkräfte von Kindern im Alter von 6 bis 12 Jahren

Prof. Dr. sc. hum., Dipl.-Psych. Manfred Döpfner, geb. 1955. Seit 1989 Leitender Psychologe an der Klinik für Kinder- und Jugendpsychiatrie, Psychosomatik und Psychotherapie der Universität zu Köln und dort seit 1999 Professor für Psychotherapie in der Kinder- und Jugendpsychiatrie sowie Leiter des Ausbildungsinstituts für Kinder- und Jugendlichenpsychotherapie (AKiP).

Dr. rer. medic., Dipl.-Päd. Ilka Eichelberger, geb. 1977. Kinder- und Jugendlichenpsychotherapeutin. 2006–2016 wissenschaftliche Mitarbeit am Ausbildungsinstitut für Kinder- und Jugendlichenpsychotherapie (AKiP) an der Uniklinik Köln. 2016–2018 wissenschaftliche Mitarbeiterin am Lehrstuhl für Psychologie und Psychotherapie in Heilpädagogik und Rehabilitation an der Universität zu Köln. 2015–2019 angestellte und freiberufliche Tätigkeit als Kinder- und Jugendlichenpsychotherapeutin. Seit 2019 niedergelassen in eigener Praxis in Kempen.

Dr. rer. medic., Dipl.-Psych. Christina Dose, geb. 1985. Psychologische Psychotherapeutin für Verhaltenstherapie. Seit 2012 wissenschaftliche Mitarbeit am Ausbildungsinstitut für Kinder- und Jugendlichenpsychotherapie (AKiP) an der Uniklinik Köln.

Prof. Dr. rer. medic., Dipl.-Psych. Charlotte Hanisch, geb. 1974. Seit 2016 Professorin für Psychologie und Psychotherapie in Heilpädagogik und Rehabilitation an der Universität zu Köln und dort Leiterin der KiJu Hochschulambulanz für Kinder- und Jugendlichenpsychotherapie.

Dr. rer. medic., Dipl.-Psych. Stephanie Schürmann, geb. 1967. Psychologische Psychotherapeutin. Seit 1992 wissenschaftliche Mitarbeiterin in der Klinik und Poliklinik für Psychiatrie, Psychosomatik und Psychotherapie des Kindes- und Jugendalters und seit 1999 Dozentin und Supervisorin am Ausbildungsinstitut für Kinder- und Jugendlichenpsychotherapie (AKiP) an der Uniklinik Köln.

Dr. rer. medic., Dipl.-Psych. Tanja Wolff Metternich-Kaizman, geb. 1968. Psychologische Psychotherapeutin. Seit 1995 wissenschaftliche Mitarbeiterin in der Klinik und Poliklinik für Psychiatrie, Psychosomatik und Psychotherapie des Kindes- und Jugendalters und seit 1999 Dozentin und Supervisorin am Ausbildungsinstitut für Kinder- und Jugendlichenpsychotherapie (AKiP) an der Uniklinik Köln.

Bibliografische Information der Deutschen Nationalbibliothek

Die Deutsche Nationalbibliothek verzeichnet diese Publikation in der Deutschen Nationalbibliografie; detaillierte bibliografische Daten sind im Internet über http://dnb.dnb.de abrufbar.

Hogrefe Verlag GmbH & Co. KG
Merkelstraße 3
37085 Göttingen
Deutschland
Tel. +49 551 999 50 0
Fax +49 551 999 50 111
info@hogrefe.de
www.hogrefe.de

Umschlagabbildung: © shutterstock / Sabphoto
Satz: Franziska Stolz, Hogrefe Verlag GmbH & Co. KG, Göttingen
Illustrationen: Klaus Gehrmann, Freiburg; www.klausgehrmann.net
Druck: Finidr, s.r.o., Český Těšín
Printed in Czech Republic
Auf säurefreiem Papier gedruckt

1. Auflage 2021

ISBN 978-3-8017-3048-2
https://doi.org/10.1026/03048-000

Inhaltsverzeichnis

Vorwort

Liebe Pädagoginnen und Pädagogen,

wir freuen uns sehr, dass Sie sich für die Arbeit mit unserem Programm „Den Alltag meistern mit ADHS" entschieden haben!

Mit diesem Arbeitsbuch möchten wir Sie dabei unterstützen, Lösungs- und Bewältigungsansätze für den Umgang mit dem unaufmerksamen, unruhigen, impulsiven oder auch oppositionellen oder aggressiven Verhalten einzelner Schülerinnen/Schüler zu finden, um die Verhaltensprobleme letztlich zu vermindern. Auf den folgenden Seiten finden Sie zunächst Antworten auf einige wichtige Fragen zu unserem Programm und Informationen zum Vorgehen bei der Arbeit mit diesem Buch. Bitte beschäftigen Sie sich einmal mit den „Grundlagen und Anwendungshinweisen", bevor Sie mit der Lektüre der weiteren Kapitel starten.

Aus Ihrer alltäglichen Arbeit als Pädagogin oder Pädagoge haben Sie sicherlich bereits einige Erfahrungen mit dem Problemverhalten Ihrer Schülerinnen und Schüler und sicherlich auch bereits gute Ideen entwickelt, um mit diesem umzugehen. Dennoch kann es Sinn machen, sich das Problemverhalten einzelner Schülerinnen und Schüler und auch den eigenen Umgang damit noch einmal genau anzusehen und zu reflektieren. Das ist nicht immer einfach und kostet viel Energie – immerhin haben Sie noch andere Schülerinnen und Schüler und viele Aufgaben in Ihrem Berufsalltag. Daher ist es auch nicht selbstverständlich, dass Sie als Lehrkraft diese Energie investieren! Wir möchten Sie dennoch ermutigen, die von uns vorgeschlagenen Maßnahmen einmal auszuprobieren, denn sie können Ihnen helfen, langfristig die Konflikte mit Ihren Schülerinnen und Schülern zu vermindern, die Beziehung zueinander zu verbessern und die Verhaltensprobleme Ihrer Schülerinnen und Schüler in der Schule zu verringern. Bedenken Sie dabei, dass Veränderungen Zeit brauchen – geben Sie sich und Ihren Schülerinnen und Schülern diese Zeit und seien Sie nicht entmutigt, wenn nicht alles direkt so läuft, wie Sie es sich wünschen. Um Veränderungen zu erreichen, ist es notwendig, dass Sie die vorgeschlagenen Maßnahmen regelmäßig und langfristig anwenden. Jeder Schritt in die richtige Richtung ist ein wichtiger Schritt!

Wir hoffen, dass wir Ihnen einige hilfreiche Tipps geben können, um einen günstigeren Umgang mit den Verhaltensproblemen einzelner Schülerinnen und Schüler zu finden, und wünschen Ihnen viel Erfolg bei der Arbeit mit diesem Arbeitsbuch!

Grundlagen und Anwendungshinweise

Für wen eignet sich dieses Arbeitsbuch?
Dieses Arbeitsbuch haben wir für Lehrkräfte und andere pädagogische Kräfte (z. B. im Rahmen der Nachmittagsbetreuung) von Schulkindern im Alter von etwa 6 bis 12 Jahren mit einer bereits diagnostizierten Aufmerksamkeitsdefizit-/Hyperaktivitätsstörung (ADHS), aber auch für Lehrkräfte und Pädagogen/Pädagoginnen von Kindern geschrieben, bei denen Unaufmerksamkeit, Unruhe oder Impulsivität zu beobachten sind, ohne dass eine formale Diagnose vorliegt. Das Buch kann aber auch hilfreich sein für Lehrkräfte von Kindern in diesem Alter, die ein ausgeprägtes oppositionelles und verweigerndes Verhalten zeigen und sich nicht an Regeln halten können. Viele Kinder mit ADHS zeigen auch zusätzlich solche Verhaltensauffälligkeiten. Für Kinder im Vorschulalter sowie für Eltern von Kindern verschiedener Altersgruppen gibt es noch weitere Arbeitsbücher (Hinweise siehe Seite 10).

Was ist das Ziel dieses Arbeitsbuches?
Wir wollen Lehrkräften und anderen Pädagogen/Pädagoginnen von Schulkindern mit den genannten Problemen helfen, die Verhaltensprobleme im schulischen Alltag besser zu bewältigen und dadurch zu vermindern.

Wie genau gehe ich bei der Arbeit mit diesem Buch vor?
Das Arbeitsbuch setzt sich aus verschiedenen Bausteinen zusammen, die Sie schrittweise nacheinander bearbeiten sollten. Nach unseren Erfahrungen hat es sich bewährt, einen Baustein in etwa zwei bis vier Wochen zu bearbeiten. Dies ist aber je nach Ihrer beruflichen Situation und auch zusätzlichen Aufgaben und Belastungen, die Sie haben, unterschiedlich, sodass Sie selbst ausprobieren sollten, welches Tempo für Sie günstig ist. Für das Lesen und Bearbeiten eines Bausteins sollten Sie sich etwa ein bis zwei Stunden in Ruhe Zeit nehmen. Es ist wichtig, dass Sie die Bausteine Schritt für Schritt bearbeiten, da die einzelnen Maßnahmen aufeinander aufbauen und in den ersten Bausteinen wichtige Grundlagen und Voraussetzungen für die Maßnahmen aus den weiteren Bausteinen gelegt werden. Auch sollten Sie sich zunächst auf wenige Verhaltensprobleme einer einzelnen Schülerin oder eines einzelnen Schülers konzentrieren, anhand derer Sie die von uns vorgeschlagenen Techniken ausprobieren und einüben. So vermeiden Sie, sich selbst und Ihre Schülerin/Ihren Schüler zu überfordern, und werden mit einer höheren Wahrscheinlichkeit schon bald Erfolge bemerken. Zu einem späteren Zeitpunkt können Sie dann die erlernten Techniken auch auf weitere Verhaltensprobleme Ihrer Schülerin/Ihres Schülers bzw. auch auf Verhaltensprobleme anderer Schülerinnen und Schüler anwenden.

Besonders möchten wir darauf hinweisen, dass eine positive Beziehung zwischen Ihnen und Ihrer Schülerin/Ihrem Schüler, die wir in Baustein 3 thematisieren, eine wichtige Voraussetzung für das Gelingen der in den weiteren Bausteinen vorgestellten Schritte ist. Zudem sollten Sie beachten, dass es vor dem Einsatz negativer Konsequenzen (Baustein 7) im ersten Schritt immer wichtig ist, erwünschtes Verhalten durch Lob und positive Konsequenzen (Baustein 6) zu verstärken. Nur so kann sich das erwünschte Verhalten Ihrer Schülerin/Ihres Schülers dauerhaft festigen!

Wie kann ich die Familie meiner Schülerin/meines Schülers beim Umgang mit Verhaltensproblemen im familiären Rahmen unterstützen?
Sie haben sicherlich bereits die Erfahrung gemacht, dass sich Probleme in der Regel in dem Lebensbereich verändern lassen, in dem die Maßnahmen ganz konkret ansetzen. Daher sollte man immer in den Lebensbereichen ansetzen, in denen die Probleme auftauchen, d.h. beispielsweise im familiären Rahmen, wenn es Probleme in der Familie gibt, oder in der Schule, wenn Verhaltensprobleme dort auftauchen. Um Eltern im Umgang mit dem unaufmerksamen, impulsiven und hyperaktiven oder auch oppositionellen Problemverhalten ihres Kindes zu unterstützen, gibt es ein weiteres Arbeitsbuch, das ergänzend zu Ihrer Arbeit mit diesem Buch eingesetzt werden kann:

> Döpfner, M., Dose, C., Katzmann, J., Mokros, L., Scholz, K., Schürmann, S. & Wolff Metternich-Kaizman, T. (2021). *Den Alltag meistern mit ADHS. Das Arbeitsbuch für Eltern von Schulkindern*. Göttingen: Hogrefe.

Wie kann das Arbeitsbuch eingesetzt werden?
Zunächst einmal kann das Buch von Ihnen als Lehrkraft eigenständig eingesetzt werden, wenn Sie anhand der enthaltenen Bausteine Schritt für Schritt die Verhaltensprobleme einzelner Schülerinnen und Schüler angehen möchten. Auch könnten Sie sich mit den Eltern einer Schülerin/eines Schülers absprechen und die in diesem Buch beschriebenen Maßnahmen parallel zu Interventionen in der Familie durchführen (beispielsweise, wenn die Eltern mit dem zugehörigen Elternratgeber arbeiten). Dieses Arbeitsbuch kann auch in Ergänzung zu anderen Behandlungen eingesetzt werden, beispielsweise wenn Ihre Schülerin/Ihr Schüler eine medikamentöse Therapie erhält oder sich in psychotherapeutischer Behandlung befindet. In einem solchen Fall besteht, mit dem Einverständnis der Eltern, eventuell auch die Möglichkeit, mit einer Psychotherapeutin/einem Psychotherapeuten oder einer Ärztin/einem Arzt Rücksprache bzgl. der Anwendung einzelner Interventionen zu halten.

Kann das Arbeitsbuch auch eine Therapie der Schülerin/des Schülers ersetzen?
Das Arbeitsbuch kann Ihnen dabei helfen, die Verhaltensprobleme von Schülerinnen und Schülern genau zu betrachten und Lösungsansätze für diese zu finden. Manchmal sind Probleme jedoch sehr festgefahren, die Symptomatik ist sehr stark oder es treten zusätzliche Probleme auf, sodass Selbsthilfemaßnahmen nicht ausreichen und eine intensivere Beratung für Sie oder eine Therapie der Schülerin/des Schülers notwendig wird. Dieses Arbeitsbuch kann eine solche Therapie nicht ersetzen – denkbar wäre aber, das Arbeitsbuch ergänzend zu einer Beratung oder Therapie oder auch im Rahmen einer Beratung oder Therapie einzusetzen. Dabei können einzelne Bausteine auch mit dem jeweiligen Therapeuten oder der jeweiligen Therapeutin besprochen oder vertieft werden.

Was sind die Grundlagen dieses Arbeitsbuches?
Dieses Arbeitsbuch basiert auf dem *Therapieprogramm für Kinder mit hyperkinetischem und oppositionellem Problemverhalten: THOP* (Döpfner, Schürmann & Frölich, 2019), das oft von Therapeuten in der Behandlung von Kindern mit unaufmerksamem, unruhigem und impulsivem, aber auch oppositionellem Verhalten eingesetzt wird. Die Wirkung dieses Programms wurde mit guten Ergebnissen in mehreren Studien wissenschaftlich überprüft. Zudem basieren die Inhalte dieses Arbeitsbuches auf dem Elternratgeber *Wackelpeter & Trotzkopf* (Döpfner & Schürmann, 2017), in dem Eltern ähnlich wie Sie als Lehrkraft in diesem Buch darin unterstützt werden, einen Umgang mit den Verhaltensproblemen ihres Kindes zu finden. Eine weitere Quelle ist das *Schulbasierte Coaching bei Kindern mit expansivem Problemverhalten: SCEP* (Hanisch, Richard, Eichelberger, Greimel & Döpfner, 2018), das speziell für Pädagoginnen und Pädagogen entwickelt wurde und eine Fortbildung zu ADHS und anderen externalen Verhaltensproblemen sowie ein Einzelcoaching für Lehrkräfte enthält.

Wie wirkungsvoll sind die vorgeschlagenen Maßnahmen?

In den letzten Jahren wurden mehrere Studien zur Untersuchung der Wirksamkeit einer sogenannten angeleiteten Eltern-Selbsthilfe durchgeführt. Die Eltern erhielten im Rahmen der Studien das Buch *Wackelpeter & Trotzkopf* (oder davon abgeleitete Elternhefte, deren Inhalte denen des o.g. Arbeitsbuches für Eltern von Schulkindern entsprachen) zum eigenständigen Durcharbeiten. Zusätzlich erhielten sie in mehreren Telefonaten mit einer erfahrenen Therapeutin eine weitere Unterstützung. In diesen Studien konnten wir zeigen, dass eine solche angeleitete Selbsthilfe für Eltern von Kindern, die oppositionelles, hyperaktives, impulsives oder unaufmerksames Verhalten zeigen, hilfreich ist:

- Bei Kindern, die für eine Behandlung in einer Klinik vorgestellt wurden, ließen sich deutliche Verminderungen der Verhaltensprobleme im Verlauf der Selbsthilfe beobachten (Kierfeld & Döpfner, 2006).
- In einer bundesweiten Studie konnten bei Kindern, die wegen einer Aufmerksamkeitsdefizit-/Hyperaktivitätsstörung (ADHS) bei Kinderärzten in Behandlung waren, basierend auf dem Urteil der Eltern im Verlauf der Selbsthilfe deutliche Verminderungen der Verhaltensprobleme gezeigt werden. Die Eltern berichteten von einer großen Zufriedenheit mit dem Selbsthilfeprogramm (Mokros et al., 2015). In einer Nachuntersuchung mehr als ein Jahr nach Behandlungsende konnte zudem gezeigt werden, dass sich die erzielten Effekte stabilisiert hatten (Döpfner et al., 2021).
- Bei Kindern mit einer Aufmerksamkeitsdefizit-/Hyperaktivitätsstörung (ADHS), die trotz einer medikamentösen Therapie noch Verhaltensauffälligkeiten zeigten, konnten diese Probleme durch die angeleitete Selbsthilfe weiter vermindert werden (Dose et al., 2017). Auch von Eltern zu Beginn der Intervention individuell definierte Probleme des Kindes konnten im Verlauf deutlich vermindert werden (Dose et al., 2020).
- In einer weiteren Studie konnte gezeigt werden, dass eine angeleitete Selbsthilfe auf der Grundlage der Inhalte des o.g. Arbeitsbuches für Eltern von Schulkindern tendenziell einer anderen Form der angeleiteten Selbsthilfe überlegen ist, wobei sich im weiteren Verlauf keine Unterschiede zwischen beiden Formen der Selbsthilfe mehr zeigten und beide Formen gleichermaßen wirkungsvoll waren (Hautmann et al., 2018).

Die Wirksamkeit der Inhalte dieses Arbeitsbuches für Lehrkräfte wird zurzeit, ebenfalls als angeleitete Selbsthilfe, in Ergänzung zu einer angeleiteten Eltern-Selbsthilfe im Rahmen einer großen multizentrischen Studie untersucht (Döpfner et al., 2017).

Gibt es weitere Arbeitsbücher für pädagogische Fachkräfte anderer Altersgruppen und gibt es auch Arbeitsbücher für Eltern?

Ja, neben diesem Arbeitsbuch gibt es ein Buch für pädagogische Fachkräfte von Vorschulkindern. Zudem wurden Selbsthilfe-Arbeitsbücher für Eltern von Kindern verschiedener Altersgruppen entwickelt.

Für Bezugspersonen von Kindern im Kindergartenalter:

Döpfner, M., Wolff Metternich-Kaizman, T., Dose, C., Katzmann, J., Mokros, L., Scholz, K. & Schürmann, S. (in Vorbereitung). *Den Alltag meistern mit ADHS. Das Arbeitsbuch für Eltern von Kindergartenkindern*. Göttingen: Hogrefe.

Döpfner, M., Plück, J., Dose, C., Eichelberger, I., Schürmann, S. & Wolff Metternich-Kaizman, T. (in Vorbereitung). *Den Alltag meistern mit ADHS. Das Arbeitsbuch für pädagogische Fachkräfte von Kindern im Alter von 3 bis 6 Jahren*. Göttingen: Hogrefe.

Für Bezugspersonen von Schulkindern im Alter von 6 bis 12 Jahren:

Döpfner, M., Dose, C., Katzmann, J., Mokros, L., Scholz, K., Schürmann, S. & Wolff Metternich-Kaizman, T. (2021). *Den Alltag meistern mit ADHS. Das Arbeitsbuch für Eltern von Schulkindern*. Göttingen: Hogrefe.

Literatur

Döpfner, M., Hautmann, C., Dose, C., Banaschewski, T., Becker, K., Brandeis, D. ... & von Wirth, E. (2017). ESCAschool study: trial protocol of an adaptive treatment approach for school-age children with ADHD including two randomised trials. *BMC Psychiatry, 17*(1):269. https://doi.org/10.1186/s12888-017-1433-9.

Döpfner, M., Liebermann-Jordanidis, H., Kinnen, C., Hallberg, N., Mokros, L., Benien, N. ... & Dose, C. (2021). Long-term effectiveness of guided self-help for parents of children with ADHD in routine care – an observational study. *Journal of Attention Disorders, 25,* 265–274. Advance online publication. https://doi.org/10.1177/1087054718810797

Döpfner, M. & Schürmann, S. (2017). *Wackelpeter & Trotzkopf. Hilfen für Eltern bei ADHS-Symptomen, hyperkinetischem und oppositionellem Verhalten* (5., aktualisierte Auflage). Weinheim: Beltz.

Döpfner, M., Schürmann, S. & Frölich, J. (2019). *Therapieprogramm für Kinder mit hyperkinetischem und oppositionellem Problemverhalten: THOP* (6., überarbeitete Auflage). Weinheim: Beltz.

Dose, C., Hautmann, C., Buerger, M., Schuermann, S., Woitecki, K. & Doepfner, M. (2017). Telephone-assisted self-help for parents of children with attention-deficit/hyperactivity disorder who have residual functional impairment despite methylphenidate treatment: a randomized controlled trial. *Journal of Child Psychology and Psychiatry*, *58,* 682–690.

Dose, C., Waschau, F., von Wirth, E. & Döpfner, M. (2020). The improvement of individually defined problem behaviors during a telephone-assisted self-help intervention for parents of pharmacologically treated children with ADHD. *Zeitschrift für Kinder- und Jugendpsychiatrie und Psychotherapie, 48,* 215-223. Advance online publication. https://doi.org/10.1024/1422-4917/a000726

Hanisch, C., Richard, S., Eichelberger, I., Greimel, L. & Döpfner, M. (2018). *Schulbasiertes Coaching bei Kindern mit expansivem Problemverhalten (SCEP). Handbuch zum Coaching von Lehrkräften.* Göttingen: Hogrefe.

Hautmann, C., Dose, C., Duda-Kirchhof, K., Greimel, L., Hellmich, M., Imort, S. ... & Döpfner, M. (2018). Behavioral versus nonbehavioral guided self-help for parents of children with externalizing disorders in a randomized controlled trial. *Behavior Therapy*, *49,* 951–965.

Kierfeld, F. & Döpfner, M. (2006). Bibliotherapie als Behandlungsmöglichkeit bei Kindern mit externalen Verhaltensstörungen. *Zeitschrift für Kinder- und Jugendpsychiatrie und Psychotherapie*, *34,* 377–386.

Mokros, L., Benien, N., Mütsch, A., Kinnen, C., Schürmann, S., Wolff Metternich-Kaizman, T. ... & Döpfner, M. (2015). Angeleitete Selbsthilfe für Eltern von Kindern mit Aufmerksamkeitsdefizit-/Hyperaktivitätsstörung: Konzept, Inanspruchnahme und Effekte eines bundesweiten Angebotes – eine Beobachtungsstudie. *Zeitschrift für Kinder- und Jugendpsychiatrie und Psychotherapie*, *43,* 275–288.

Baustein 1

ADHS – Was ist das?

Was wollen wir mit diesem Baustein erreichen?

Liebe Pädagoginnen und Pädagogen,

wenn Sie an das Thema Aufmerksamkeitsdefizit-/Hyperaktivitätsstörung (ADHS) denken, fällt Ihnen vermutlich direkt mindestens ein Schüler/eine Schülerin ein, den/die Sie mit diesem Begriff in Verbindung bringen. Und mit Sicherheit geraten Sie in Ihrem schulischen Alltag durch die Problemverhaltensweisen, die diese Schüler/Schülerinnen mitbringen, manchmal an Ihre Grenzen, wissen dann vielleicht nicht mehr weiter oder wie Sie den anderen Kindern in der Klasse gerecht werden sollen, da Sie mit dem einen Schüler/der einen Schülerin permanent beschäftigt sind. Um den daraus entstehenden alltäglichen Problemen im Schulalltag auf den Grund zu gehen und sie zu bewältigen, ist neben einem genauen Plan insbesondere das Verständnis für das Störungsbild der ADHS wichtig.

ADHS ist die Abkürzung für *Aufmerksamkeitsdefizit-/Hyperaktivitätsstörung* und bezeichnet eine Verhaltensstörung von Kindern, Jugendlichen oder Erwachsenen, die durch Auffälligkeiten in folgenden drei Kernbereichen gekennzeichnet ist:
- starke Aufmerksamkeits- und Konzentrationsstörungen,
- starke Impulsivität und
- ausgeprägte körperliche Unruhe (Hyperaktivität).

Die meisten Fachleute benutzen heutzutage den Begriff ADHS zur Bezeichnung dieser psychischen Störung. Mitunter werden aber auch andere Begriffe verwendet, wie *Hyperkinetische Störung (HKS)* oder auch *Aufmerksamkeitsdefizitstörung (ADS)*.

In diesem ersten Baustein werden wir Ihnen zunächst aufbauend auf wissenschaftlich gesicherten Erkenntnissen und langjähriger klinischer Erfahrung wichtige Informationen über ADHS geben. Folgende Punkte wollen wir dabei besprechen:
- Was sind Merkmale von Kindern mit ADHS?
- Welche weiteren Probleme treten häufig noch auf?
- Was sind die Ursachen von ADHS?
- Was kann Ihnen und Ihrem Schüler/Ihrer Schülerin helfen?

Das sollten Sie über ADHS wissen

1. Was sind Merkmale von Kindern mit ADHS?

Jedes Kind ist irgendwann einmal sehr unruhig oder kann sich nicht konzentrieren und lässt sich leicht ablenken, und manche Kinder sind lebhafter als andere. Die Konzentrationsfähigkeit und die Ausdauer von Kindern steigen mit dem Alter; für jüngere Kinder ist es generell schwieriger als für ältere, sich ruhig zu verhalten oder sich ausdauernd mit einer Sache zu beschäftigen. Kinder mit ADHS unterscheiden sich jedoch in Ausmaß und Stärke der Probleme von Kindern mit diesen ganz normalen Entwicklungserscheinungen.

Im Vergleich zu Gleichaltrigen haben Kinder mit ADHS ausgeprägte Auffälligkeiten meist in drei Kernbereichen:

Sie fallen auf
- durch deutliche *Aufmerksamkeits- und Konzentrationsstörungen,*
- durch vermehrt *impulsives Verhalten* und
- durch eine *ausgeprägte Unruhe.*

Aufmerksamkeits- und Konzentrationsstörungen

Kinder mit ADHS beenden ihre Tätigkeiten häufig nicht und brechen Aufgaben vorzeitig ab. Dies geschieht vor allem bei Beschäftigungen, die geistige Anstrengung verlangen, wie dies in der Schule häufig der Fall ist. Zudem sind die Auffälligkeiten meist stärker ausgeprägt bei Tätigkeiten, die von anderen vorgegeben sind (z. B. Hausaufgaben, Aufgaben in der Schule oder ruhige Lernspiele). Zunächst sind die Kinder oft noch interessiert dabei, verlieren jedoch nach kurzer Zeit das Interesse und wechseln zu einer anderen Tätigkeit.

© Klaus Gehrmann

Beispiel Marie

Marie geht in die zweite Klasse der Grundschule. Ihre Lehrerin hat bereits früh bemerkt, dass Marie große Schwierigkeiten hat, bei der Sache zu bleiben. Von jeder Kleinigkeit lässt sie sich ablenken. Entsprechend schafft sie es nur selten, ihre Aufgaben zu beenden. Manchmal stört sie dann auch die Nachbarkinder und lenkt diese von ihren Aufgaben ab. Maries Lehrerin ist eigentlich die ganze Zeit damit beschäftigt, sie zu den Aufgaben zurückzuführen, und schafft es dann kaum, sich um die Fragen anderer Kinder zu kümmern.

Kommt Ihnen das bei Ihrem Schüler/Ihrer Schülerin bekannt vor?
Wie gut kann sich Ihr Schüler/Ihre Schülerin, den/die Sie vor Augen haben, konzentrieren und ausdauernd bei einer Sache bleiben?

Impulsives Verhalten

Im Vergleich zu Gleichaltrigen neigen Kinder mit ADHS deutlich stärker zu plötzlichen und unüberlegten Handlungen. Dabei bedenken sie nicht die Folgen ihres Verhaltens. Die Kinder haben große Schwierigkeiten, abzuwarten, bis sie an der Reihe sind. Wenn sie etwas haben wollen, dann muss es sofort sein. Sie platzen mit Antworten heraus, bevor Fragen zu Ende gestellt sind, und unterbrechen andere häufig. In dieser Hinsicht benehmen sie sich so, wie es bei jüngeren Kindern eigentlich üblich ist.

Beispiel Max

Im Unterricht muss Max ständig etwas Wichtiges fragen oder der Lehrerin ganz dringend etwas Unaufschiebbares erzählen. Er unterbricht die Lehrerin im Unterricht oder in Gesprächen mit anderen Kindern. Auch schafft er es bei einer gestellten Frage kaum, sich zu melden, und platzt mit der Antwort sofort heraus. Andere Kinder sind dann häufig genervt und finden sein Verhalten ungerecht, und die Lehrerin muss Max ständig ermahnen.

Kommt Ihnen das bekannt vor? Wie ungeduldig und impulsiv ist Ihr Schüler/Ihre Schülerin?

Körperliche Unruhe

Insbesondere in Situationen, in denen sie sich relativ ruhig verhalten sollen, fallen viele Kinder mit ADHS durch eine ausgeprägte Ruhelosigkeit und ihr häufiges Zappeln auf. Vor allem in den ersten Schuljahren stehen die Kinder häufig im Unterricht auf; es fällt ihnen schwer, ruhig ihre Aufgaben zu bearbeiten, und sie laufen oder klettern permanent herum. Von der Umgebung oder durch Aufforderungen scheint diese Unruhe kaum dauerhaft beeinflussbar zu sein. Pädagoginnen/Pädagogen ermahnen das Kind im Unterricht, ruhig zu sein. Möglicherweise reagiert das Kind auch darauf, aber nach wenigen Sekunden oder Minuten ist die Unruhe wieder da.

Beispiel Lukas

Seitdem Lukas in die Schule geht, hat seine Lehrerin den Eindruck, dass sie ihn permanent im Auge haben und ermahnen muss. Er bleibt kaum auf seinem Platz sitzen, Stillarbeit und Basteln sind für ihn ein Gräuel. Seine Finger und Füße sind ständig in Bewegung; seine ganze Umgebung macht er durch seine ständige Zappelei richtig nervös. Er kippelt mit dem Stuhl und schmeißt immer wieder etwas um.

Kommt Ihnen das bekannt vor? Wie unruhig ist Ihr Schüler/Ihre Schülerin?

Üblicherweise treten die beschriebenen Auffälligkeiten in verschiedenen Lebensbereichen auf – also nicht nur in der Schule, sondern auch in der Familie oder bei Freizeitaktivitäten mit Gleichaltrigen. Allerdings zeigen sich die Symptome oft kaum oder treten in verminderter Form auf, wenn die Kinder sich mit ihrer Lieblingsaktivität beschäftigen, selbst wenn diese Tätigkeit ein hohes Maß an Aufmerksamkeit erfordert (z.B. beim Spiel mit dem Computer, dem Tablet oder der Spielkonsole, beim Puzzeln oder Lego-Bauen). Auch in kritischen Situationen müssen allerdings nicht alle diese Auffälligkeiten vorhanden sein. Manche Kinder haben hauptsächlich Aufmerksamkeitsprobleme, andere sind hauptsächlich hyperaktiv und impulsiv und die Unaufmerksamkeit ist deutlich geringer ausgeprägt oder gar nicht vorhanden. Manchmal ist es auch so, dass Eltern die Probleme des Kindes zu Hause nicht erleben. Dies kann daran liegen, dass Tätigkeiten, die diese Probleme begünstigen, zu Hause kaum bis gar nicht vorkommen.

Welche Lebensbereiche sind Ihres Wissens bei Ihrem Schüler/Ihrer Schülerin betroffen?

1. Schule

2. Familie

3. Freizeit

Darüber hinaus gibt es eine große Variationsbreite im Schweregrad der beschriebenen Probleme. Bei manchen Kindern machen sich die Auffälligkeiten schon nach kürzester Zeit bemerkbar, da sie sehr stark ausgeprägt sind. Bei den meisten Kindern treten die Probleme jedoch in weniger starker Ausprägung auf. Die Probleme zeigen sich nicht in allen Situationen gleichermaßen, und manchmal können sich unaufmerksame, hyperaktive und/oder impulsive Kinder auch über einen längeren Zeitraum unauffällig verhalten. Der Übergang zwischen normalem und auffälligem Verhalten ist also fließend.

Wenn die Aufmerksamkeitsstörungen, die Hyperaktivität oder die Impulsivität sehr stark ausgeprägt sind und das Kind stark beeinträchtigen, sprechen wir von einer *ADHS – einer Aufmerksamkeitsdefizit-/Hyperaktivitätsstörung.*

Solche Auffälligkeiten treten bei Kindern sehr häufig auf: In jeder Schulklasse gibt es laut Statistik mindestens ein bis zwei Kinder, die zumindest leichte bis mittlere Symptome aufweisen. Jungen sind dabei häufiger betroffen als Mädchen.

Achtung:

Wenn ein Kind Unruhe, Konzentrationsschwierigkeiten und impulsives Verhalten zeigt, bedeutet das nicht zwangsläufig, dass eine ADHS vorliegt.

Die Merkmale einer ADHS können auch *bei anderen Störungen oder Belastungen* auftreten. Beispiele dafür sind Lernbehinderungen oder geistige Behinderungen. Kinder können auch hyperkinetische Symptome zeigen, wenn sie schulisch überfordert oder familiären Belastungen ausgesetzt sind, denen sie nicht gewachsen sind, oder wenn sie mit Ängsten zu kämpfen haben. Auch Symptome von Kindern, die traurig verstimmt sind oder die unter anderen emotionalen Belastungen stehen, können in manchen Situationen fälschlicherweise als ADHS gewertet werden.

Es gibt Kritiker, welche die Existenz der ADHS grundlegend infrage stellen. Sie interpretieren ADHS als eine Erfindung einer intoleranten und leistungsorientierten Gesellschaft. Als Ursachen für ADHS-typische Verhaltensweisen benennen sie familiäre Belastungen, Erziehungsdefizite oder schulische Über- oder Unterforderung. Sie führen an, dass die Grenzziehung zwischen lebhafteren Kindern und Kindern mit ADHS schwierig sei, und weisen darauf hin, dass es bislang keinen Test gäbe, mit dem ADHS zuverlässig diagnostiziert werden könne.

Tatsächlich ist die ADHS alles andere als eine Modeerscheinung. Bereits 1844 beschrieb beispielsweise der Nervenarzt H. Hoffmann in der Geschichte vom Zappelphilipp entsprechende Symptome. Zwar hat die Häufigkeit von ADHS-Diagnosen in den letzten zwanzig Jahren deutlich zugenommen, jedoch entsprechen die aktuellen Zahlen den in systematischen epidemiologischen Studien[1] ermittelten internationalen Diagnoseraten. Darüber hinaus hat die öffentliche Aufmerksamkeit für ADHS zugenommen. Durch sich verändernde Anforderungen, die unsere Gesellschaft an Kinder stellt, werden Unaufmerksamkeit, Unruhe und Impulsivität möglicherweise als störender oder als bedrohlicher wahrgenommen und rücken damit stärker in den Fokus.

Auch die Häufigkeit medikamentöser Behandlung bei ADHS ist in den letzten Jahren angestiegen, sie liegt jedoch weiterhin deutlich unter der Anzahl der Diagnosen. Es werden also bei weitem nicht alle Kinder mit ADHS medikamentös behandelt. Die Häufigkeit von Pharmakotherapie in Deutschland ist vergleichbar mit der in anderen Ländern, wie z.B. in der Schweiz oder in Norwegen.

ADHS kann ab dem Grundschulalter meist zuverlässig diagnostiziert werden. Sie ist definiert durch ein Muster mehrerer einzelner Symptome, die jeweils unterschiedlich stark ausgeprägt sein können. Es gibt bei diesen Symptomen – wie bei allen psychischen Störungen – einen fließenden Übergang zu Ausprägungen, die noch in einem alterstypischen Bereich liegen. Grenzwerte für eine ADHS werden anhand der Anzahl und Schwere der Symptome sowie der damit einhergehenden Beeinträchtigung definiert. Im Einzelfall kann die Abgrenzung zu anderen psychischen Störungen und zu Ausprägungen von Unaufmerksamkeit, Hyperaktivität und Impulsivität, die noch in einem für das jeweilige Alter angemessenen Bereich

1 Epidemiologische Studien werden in der Medizin durchgeführt, um Verteilungen und Ursachen von Erkrankungen (auch psychischen Störungen) in der Bevölkerung oder in bestimmten Bevölkerungsgruppen zu ermitteln.

liegen, schwierig sein. Daher sollte die Diagnostik in jedem Fall von einem Experten/einer Expertin durchgeführt werden. Für die Hilfen, die wir mit Ihnen erarbeiten wollen, ist eine Diagnose einer ADHS bei Ihrem Schüler/Ihrer Schülerin nicht notwendig. Sie können diese Maßnahmen bei allen Schülern/Schülerinnen mit erhöhter Unaufmerksamkeit, Impulsivität oder Unruhe oder auch mit oppositionellem und verweigerndem Verhalten einsetzen.

2. Welche weiteren Probleme treten häufig noch auf?

Oppositionelle und aggressive Verhaltensauffälligkeiten

Oppositionelle und aggressive Verhaltensauffälligkeiten sind wohl das häufigste Problem, das begleitend zu einer ADHS auftritt. Im Vergleich zu Gleichaltrigen können sich Kinder mit oppositionellen Verhaltensauffälligkeiten weniger gut an wichtige soziale Regeln halten. Sie geraten häufig in Streitigkeiten mit anderen Kindern, d. h. mit ihren Geschwistern oder auch Kindern außerhalb ihrer Familie, aber auch mit ihren Eltern und anderen erwachsenen Bezugspersonen. Sie werden schnell wütend, sie verärgern andere vorsätzlich und schieben die Schuld für eigene Fehler oder eigenes Fehlverhalten auf andere. Sie sind leicht reizbar und reagieren schnell zornig. Bis zu einem gewissen Grad sind oppositionelle und aggressive Verhaltensauffälligkeiten Teil einer normalen Entwicklung. Bei manchen Kindern zeigen sich diese Probleme allerdings wesentlich stärker als bei den meisten anderen Kindern des gleichen Alters. Die Probleme äußern sich typischerweise vor allem im Umgang mit vertrauten Erwachsenen, Geschwistern oder Gleichaltrigen.

Beispiel Lukas

Im Unterricht macht der achtjährige Lukas nur die Dinge, die ihm Spaß machen. Aufforderungen seiner Lehrerin, beispielsweise die gestellte Aufgabe zu bearbeiten, werden nicht befolgt. Wenn seine Lehrerin ihn ermahnt, fühlt er sich sofort ungerecht behandelt und wird wütend. Häufig macht er irgendeinen Unsinn – mal kritzelt er auf den Tisch, mal schneidet er die Arbeitsblätter durch, mal klettert er in der Pause auf verbotenen Dingen herum. Natürlich weiß Lukas ganz genau, dass das alles nicht erlaubt ist, aber um Grenzen und Verbote kümmert er sich so gut wie nie. „Ist mir doch egal!“, bekommt Lukas' Lehrerin dann zu hören. Seine Mitschüler traktiert er häufig regelrecht. Wenn die Lehrerin ihn dann zur Rede stellt, erhält sie nur eine freche Antwort, und wenn sie ihm nach mehrfacher Ermahnung einen Eintrag ins Mitteilungsheft macht, bekommt Lukas solch einen Wutanfall, dass sie gar nicht mehr weiß, wie sie ihn stoppen kann.

Entwicklungsrückstände und Leistungsprobleme in der Schule

Auch andere Probleme können begleitend zu einer ADHS auftreten, beispielsweise Entwicklungsrückstände oder umschriebene Leistungsprobleme in der Schule. Viele Kinder mit ADHS haben im Vergleich zu Gleichaltrigen schlechtere Leistungen beim Lesen, Rechtschreiben oder im Rechnen und müssen daher auch häufiger eine Klasse wiederholen, obwohl sich die Begabung der meisten von ADHS betroffenen Kinder nicht grundlegend von der Begabung anderer Kinder unterscheidet.

Lehnt sich Ihr Schüler/Ihre Schülerin häufig gegen Aufforderungen auf oder ist er/sie häufiger aggressiv als Gleichaltrige?

Hat Ihr Schüler/Ihre Schülerin auch Leistungsprobleme in der Schule?

Unsicherheit und mangelndes Selbstvertrauen

Zudem leiden viele Kinder mit ADHS durch viele negative Erfahrungen und Rückmeldungen zunehmend an Unsicherheit und mangelndem Selbstvertrauen. Da sie häufig Ablehnung von anderen Menschen erfahren – sei es von Gleichaltrigen, von Eltern, von Pädagoginnen oder Pädagogen – entwickeln einige Kinder mit der Zeit Ängste und trauen sich weniger zu als andere. Da die hyperaktiven, impulsiven und unaufmerksamen Verhaltensweisen mehr ins Auge springen, fallen diese Schwierigkeiten häufig zunächst weniger auf.

Ist Ihr Schüler/Ihre Schülerin unsicher oder ängstlich oder hat ein geringes Selbstvertrauen?

Ablehnung durch Gleichaltrige und belastete Beziehungen zu Erwachsenen

Zusätzlich haben viele Kinder mit ADHS mit einer Ablehnung durch Gleichaltrige zu kämpfen. Dafür gibt es verschiedene Gründe. Häufig stören diese Kinder andere aufgrund ihrer Unruhe und Impulsivität beim Spiel. Oft zeigen sie auch zusätzlich aggressive Verhaltensweisen, wegen denen sie als Störenfriede empfunden werden. Zudem kann es ein Problem sein, dass viele Kinder mit diesen Verhaltensproblemen versuchen, andere zu dominieren und zu kontrollieren.

Auch die Beziehungen zu Erwachsenen sind häufig belastet. Ähnlich wie Eltern haben auch Lehrkräfte oft Auseinandersetzungen mit ihrem Schüler/ihrer Schülerin und sind oft regelrecht verzweifelt. Nicht selten haben sie den Eindruck, mit dem Schüler/der Schülerin überhaupt nicht mehr zurechtzukommen. Für Lehrkräfte kommt erschwerend

© Klaus Gehrmann

hinzu, dass sie sich gleichzeitig anderen Schülern und Schülerinnen der Klasse widmen müssen und dieser Aufgabe nur noch in Teilen gerecht werden können oder keine andere Möglichkeit sehen als den „schwierigen" Schüler/die „schwierige" Schülerin nur noch zu ignorieren. Als Folge zweifeln Lehrkräfte häufig an ihren pädagogischen Fähigkeiten. Auf der anderen Seite hat das Kind das Gefühl, von den Lehrkräften abgelehnt zu werden, egal, was es tut.

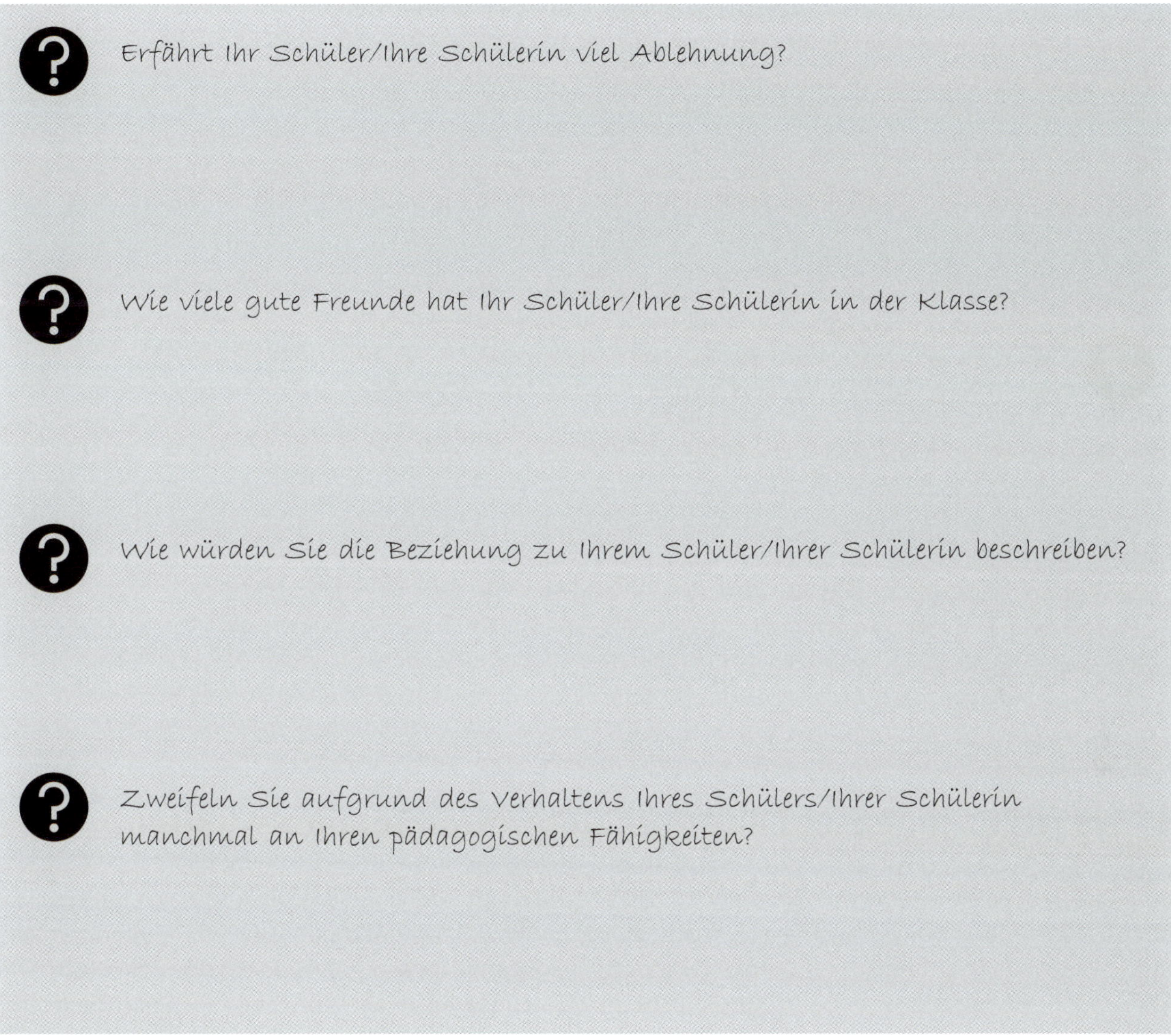

3. Was sind die Ursachen von ADHS?

Heutzutage geht man bei der Entwicklung einer ADHS von einem sogenannten multifaktoriellen Geschehen aus. Dies bedeutet, dass meist mehrere Faktoren eine Rolle bei der Entwicklung der Probleme spielen und die Schwierigkeiten nicht auf eine einzige Ursache zurückgeführt werden können.

Bis heute gibt es keine eindeutige und allumfassende Erklärung für die Entstehung einer ADHS. Die meisten Wissenschaftler sind sich allerdings einig, dass die Hauptursachen der Problematik in Veränderungen der Funktionsweise des Gehirns bestehen und dass dafür vor allem erbliche Faktoren verantwortlich sind. Hinweise darauf geben die unterschiedlichen Häufigkeiten, mit denen die Störung bei Jungen und bei Mädchen auftritt, das gehäufte Vorkommen ähnlicher Auffälligkeiten bei den Eltern von Kindern mit ADHS, Studien mit eineiigen und zweieiigen Zwillingen sowie molekulargenetische Untersuchungen. Früher ging man davon aus, dass ADHS in einem engen Zusammenhang mit Komplikationen während der Schwangerschaft, der Geburt oder der Neugeborenenperiode (z. B. vorzeitige Wehentätigkeit, Nabelschnurumschlingung bei der Geburt oder Sturz des Kindes vom Wickeltisch) steht, die eine Beeinträchtigung der Hirnfunktionen nach sich ziehen können. Inzwischen weiß man jedoch, dass der Zusammenhang zwischen diesen Komplikationen und den ADHS-Auffälligkeiten weniger eng ist als ursprünglich vermutet. Allerdings gibt es Hinweise, dass Alkohol- und Nikotinkonsum der Mutter während der Schwangerschaft das Risiko erhöhen, eine ADHS zu entwickeln.

Neben den Störungen der Funktionsweise des Gehirns stehen auch Umweltfaktoren im Zusammenhang mit der Entwicklung einer ADHS. Die *familiären Bedingungen (z. B. inkonsequentes Erziehungsverhalten)*, aber auch die *Bedingungen im Kindergarten und in der Schule (z. B. sehr unruhige Klasse)*, unter denen die Kinder mit ADHS leben, können die Ausprägung der Symptomatik und ihren weiteren Verlauf beeinflussen.

Können Sie Belastungen in der Familie oder in der Schule erkennen, die eine Rolle spielen könnten?

4. Was kann Ihnen und Ihrem Schüler/Ihrer Schülerin helfen?

Zunächst gibt es eine Reihe von Therapien und Unterstützungsmöglichkeiten, die Eltern von Kindern mit ADHS helfen können, die Probleme in den Griff zu bekommen. Einige Methoden, die im Rahmen von therapeutischen Interventionen mit Eltern und Kindern erprobt sind, lassen sich auch auf den Kontext Schule übertragen und haben sich in vielen Studien bewährt. Ziel unserer Hilfestellungen im Rahmen dieses Arbeitsbuches ist, dass sowohl Ihr Schulalltag als auch der des Kindes entlastet wird. Natürlich wird das Kind auch weiterhin zu den eher impulsiven, unruhigen oder weniger aufmerksamen Schülern und Schülerinnen zählen, doch wollen wir Ihnen helfen, seine/ihre Probleme in der Schule zu vermindern.

Um die *Kernprobleme von ADHS* zu vermindern, wollen wir

- mit Ihnen ein umfassenderes Verständnis für die Probleme Ihres Schülers/Ihrer Schülerin erarbeiten und Ihnen helfen, die manchmal belastete Beziehung zu dem Kind zu verbessern,
- Ihnen helfen, die Arbeits- bzw. Lernumgebung noch besser an die Bedürfnisse des Schülers/der Schülerin anzupassen,
- mit Ihnen Ihre Strategien im Umgang mit dem Schüler/der Schülerin überdenken und ggf. optimieren und
- sofern Ihr Schüler/Ihre Schülerin und seine/ihre Eltern auch damit einverstanden sind, Ihnen helfen, die Probleme des Schülers/der Schülerin mit der Klasse kindgerecht zu besprechen und so die Klasse in die Gesamtstrategie einzubinden.

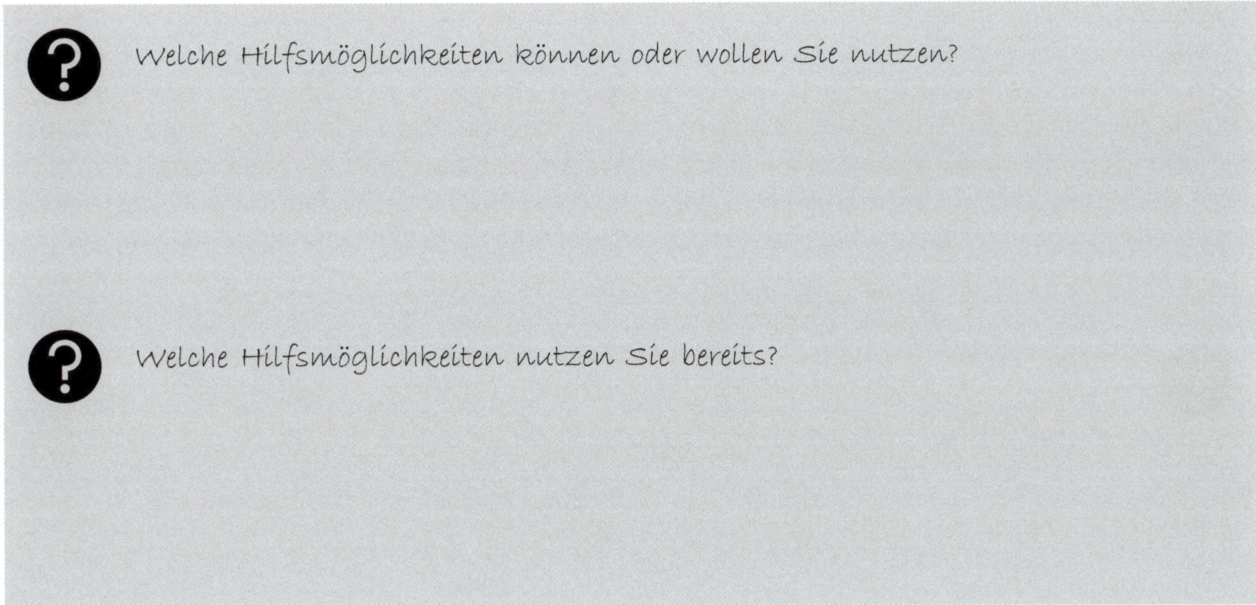

Was kann man in der Schule tun?

In der Schule zeigen die meisten Kinder mit ADHS einerseits Verhaltensprobleme, sind also unkonzentriert, motorisch unruhig, impulsiv und oft auch oppositionell, und andererseits Leistungsprobleme. Beim Vorliegen deutlicher schulischer Leistungsprobleme ist es wichtig, dass eine psychologische oder sonderpädagogische Diagnostik durchgeführt wird, in der die Intelligenz untersucht und das Vorliegen umschriebener Leistungsstörungen (z. B. in der Lese-/Rechtschreibleistung) überprüft wird. Grundsätzlich ist eine der Intelligenz und der Leistungsfähigkeit des Kindes angemessene Beschulung eine Grundvoraussetzung für die Veränderung der schulischen Probleme. Auch beim Vorliegen umschriebener Leistungsprobleme ist eine entsprechende Förderung sehr wichtig. Dies kann sowohl in speziellen Förderstunden als auch im regulären Unterricht geschehen.

Bei der Veränderung der Verhaltensprobleme im Unterricht sind Sie besonders gefordert. Durch die Stärkung der Beziehung zum Kind, durch die Optimierung klarer Strukturen im Klassenzimmer, durch gezielte und unmittelbare positive Verstärkung, aber auch den Einsatz klarer Konsequenzen bei problematischem Verhalten können Lehrkräfte Kinder mit Aufmerksamkeits-, Konzentrations- und Selbststeuerungsdefiziten unterstützen und ihnen helfen, ihre Verhaltensprobleme zu begrenzen. Sie als Lehrkraft haben sicher oft eigene gute Ideen, doch manchmal ist es schwierig, diese im Schulalltag umzusetzen. Wir möchten Ihnen mit diesem und den folgenden Bausteinen helfen, die Probleme, die bei der Umsetzung häufig entstehen, in den Griff zu bekommen.

Ein erster Schritt: Mit der Klasse über die Verhaltensprobleme sprechen

In der Regel ist es sehr hilfreich, die Schwierigkeiten einer Schülerin oder eines Schülers in der Klasse zu thematisieren. Zum einen entwickeln Mitschüler und Mitschülerinnen auf diese Weise ein Verständnis für das gezeigte Problemverhalten, andererseits erleichtert es Ihnen die Durchführung individueller Hilfen und pädagogischer Maßnahmen (z. B. besonderes Lob, Belohnungsplan), die wir Ihnen im Verlauf dieses Programms vorschlagen werden. In der Regel haben die Mitschüler und Mitschülerinnen schon von sich aus bemerkt, dass der Schüler oder die Schülerin ein auffälliges Verhalten zeigt und dadurch eine Sonderstellung hat, da er/sie beispielsweise häufig ermahnt wird. Die Mitschüler und Mitschülerinnen erhalten so eine Erklärung, können die Verhaltensweisen des betroffenen Schülers/der betroffenen Schülerin besser einordnen und lernen, anders damit umzugehen. Die Beziehungen zwischen den Schülerinnen und Schülern können sich dadurch verbessern. Grundsätzlich sollten Sie die Problematik zunächst mit dem Schüler/der Schülerin selbst und seinen/ihren Eltern besprochen haben und die Zustimmung des Schülers/der Schülerin sowie der Eltern einholen, die Probleme auch vor der Klasse zu thematisieren, um dem

Schüler/der Schülerin besser helfen zu können. Betonen Sie dabei die Vorteile eines solchen Vorgehens (Entstigmatisierung, Integration in die Klasse, Umsetzung individueller Hilfen). Sie können die Problematik im Rahmen eines generellen Themas über Unterschiede zwischen Schülerinnen und Schülern, über individuelle Stärken und Schwächen ansprechen und so mögliche Stigmatisierungseffekte vermeiden. Bedenken Sie dabei, dass Verhaltensprobleme in bestimmten Situationen (z. B. in der Schulklasse) in anderen Kontexten durchaus als Stärken wahrgenommen werden können. So kann die Impulsivität eines Kindes im Unterricht in anderen Situationen auch als Spontaneität positiv wahrgenommen werden.

Welche Probleme des Schülers/der Schülerin wollen Sie auf welche Weise ansprechen?

Was können Sie Eltern raten?

Wenn ein Kind vielfältige Verhaltensauffälligkeiten zeigt, dann ist es ratsam, in der Familie etwas zu unternehmen und zu verändern. Sie als Lehrkraft können Eltern dabei unterstützen, indem Sie diese auf Probleme aufmerksam machen und die verschiedenen Hilfsangebote (Schulsozialarbeiter/Schulsozialarbeiterin, Schulpsychologischer Dienst, Beratungsstellen, Jugendamt, Kinder- und Jugendlichenpsychotherapeut/-therapeutin, Kinder- und Jugendpsychiater/-psychiaterin usw.) aufzeigen. In Baustein 4 werden wir diesen Punkt aufgreifen und Möglichkeiten des Austauschs mit den Eltern aufzeigen. Unter den psychotherapeutischen Verfahren hat sich für Kinder mit ADHS insbesondere die Verhaltenstherapie bewährt, die teilweise von Beratungsstellen und vor allem von niedergelassenen Kinder- und Jugendlichenpsychotherapeuten oder in Praxen für Kinder- und Jugendpsychiatrie angeboten wird. Unter dem Begriff der Verhaltenstherapie werden verschiedene psychologische Behandlungsformen zusammengefasst, die sich an die Familien, die Schulen oder die Kinder selbst richten können. Zur Optimierung der Effekte der Therapie in den verschiedenen Lebensbereichen des Kindes (Schule, Familie, Freizeitbereich) werden diese verschiedenen Behandlungsformen häufig miteinander kombiniert. In umfassenden Studien zur Untersuchung der Wirksamkeit dieser Behandlungsmethoden bei Kindern mit ADHS erwiesen sich die Interventionen in der Familie und in der Schule als besonders wirksam. Die Behandlungsbausteine, die sich an das Kind selbst wenden (z. B. Konzentrationstrainings), waren alleine für sich weniger wirksam. Die Behandlung des Kindes gewinnt aber an Bedeutung, je älter das Kind ist und je mehr das Kind auch andere Auffälligkeiten zeigt (z. B. oppositionelle oder emotionale Probleme).

Sind Medikamente hilfreich?

Bei Kindern mit ADHS kann eine medikamentöse Therapie eine wichtige Komponente in der Behandlung sein. In manchen Fällen ist eine medikamentöse Behandlung sogar eine bedeutsame Voraussetzung für den erfolgreichen Einsatz anderer Hilfen und Behandlungsformen. Am häufigsten werden sogenannte Psychostimulanzien in der medikamentösen Therapie von ADHS eingesetzt. Man unterscheidet Medikamente mit kurzer Tageswirkdauer und Medikamente mit längerer Tageswirkdauer.

Bei mindestens 70 % der Kinder mit ausgeprägter ADHS lässt sich durch die Medikation eine deutliche Verminderung der Auffälligkeiten erreichen. Es ist allerdings zu bedenken, dass die Wirkung der Medikamente nur so lange andauert, wie sie verabreicht werden. In der Regel ist daher eine längerfristige, d.h. mehrjährige, medikamentöse Behandlung und oft auch eine Kombination mit anderen Behandlungsmaßnahmen erforderlich.

In der überwiegenden Zahl der Fälle sind die Nebenwirkungen einer Behandlung mit den bei ADHS üblichen Medikamenten gering. Häufig treten sie nur vorübergehend auf und verschwinden mit Absetzen der Medikation fast immer. Eine Überprüfung der Wirksamkeit einer Behandlung mit diesen Medikamenten kann daher in der Regel ohne größeres Risiko erfolgen. Die häufigsten möglichen Nebenwirkungen sind Schlafstörungen und Appetitminderungen. Manchmal kommen auch Weinerlichkeit oder Zuckungen (Tics) oder auch andere psychische Auffälligkeiten vor. Blutdruck und Herzfrequenz können sich erhöhen. Deshalb müssen beim Arzt regelmäßige Kontrollen des Blutdrucks, aber auch des Körpergewichtes und der Körpergröße durchgeführt werden. Diese Nebenwirkungen sind in der Regel aber nicht sehr stark oder lassen sich durch eine Verminderung der Dosierung abschwächen.

In den Medien kursieren vielfältige Annahmen und Sorgen über Pharmakotherapie, beispielsweise, dass ADHS-Medikamente Kinder ruhigstellen oder abhängig machen und daher keine Hilfe bei der Bewältigung der eigentlichen Probleme darstellen. Tatsächlich wirken die Medikamente weder dämpfend noch machen sie müde oder abhängig. Vielmehr steigern sie die Aufmerksamkeit und reduzieren körperliche Unruhe und Impulsivität. Dieser Effekt kann jedoch mitunter so stark sein, dass die Kinder in ihrem Verhalten als sehr stark verändert wahrgenommen werden. Viele Kinder lernen mithilfe einer Medikation, besser mit ihren Problemen umzugehen. In zahlreichen Untersuchungen wurde bestätigt, dass die medikamentöse Behandlung mit Psychostimulanzien in der Kindheit das Risiko, im Erwachsenenalter an einer Sucht zu erkranken, nicht erhöht. Die Langzeitwirksamkeit der medikamentösen Therapie ist noch nicht ausreichend untersucht. Es gibt im Moment jedoch keinen Anhaltspunkt dafür, dass die Gabe von Psychostimulanzien langfristig körperliche Schäden bewirkt.

Eine medikamentöse Therapie ist zwar oft hilfreich, aber nicht immer notwendig, und sie sollte auf jeden Fall in eine umfassende Beratung und Betreuung eingebunden sein. Sie wird vor allem bei Kindern mit mittelgradiger oder starker ADHS-Symptomatik eingesetzt und auch dann, wenn andere Therapien nicht genügend geholfen haben oder gar nicht zur Verfügung stehen. Eine Kombination mit anderen Therapien und Hilfen ist vor allem dann sinnvoll, wenn die medikamentöse Therapie und die begleitende Betreuung allein nicht ausreichend sind.

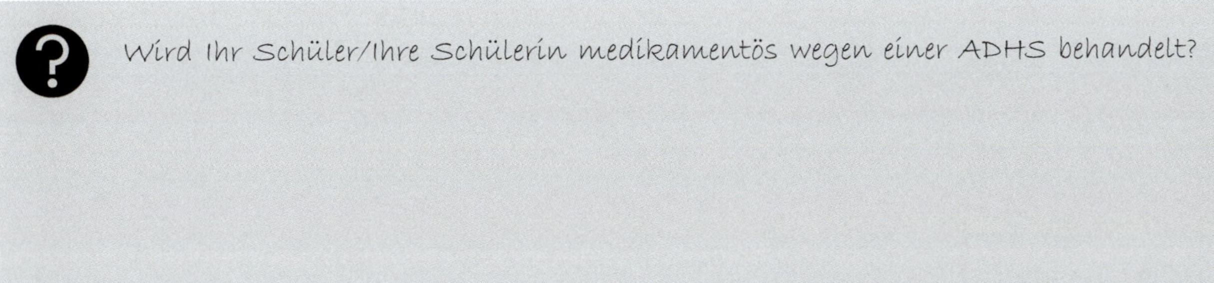

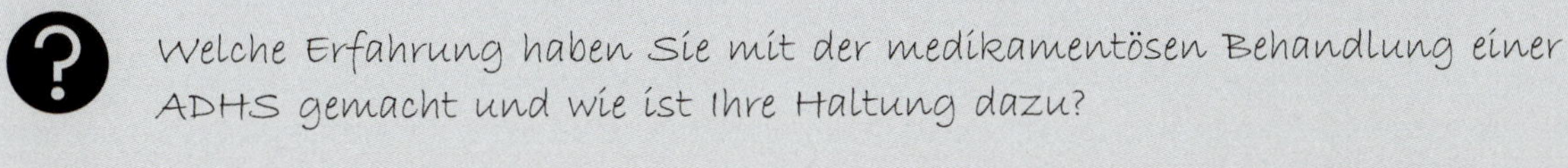

Sofern Sie sich ausführlicher zum Störungsbild der ADHS und zu möglichen Hilfen informieren möchten, empfehlen wir Ihnen folgende Literatur sowie Internetseiten:

Weiterführende Literatur und Internetseiten

Döpfner, M., Frölich, J. & Wolff Metternich-Kaizman, T. (2019). *Ratgeber ADHS. Informationen für Betroffene, Eltern, Lehrer und Erzieher zu Aufmerksamkeitsdefizit-/Hyperaktivitätsstörungen* (3., aktualisierte Auflage). Göttingen: Hogrefe.

Frölich, J., Döpfner, M. & Banaschewski, T. (2014). *ADHS in Schule und Unterricht. Pädagogisch-didaktische Ansätze im Rahmen des multimodalen Behandlungskonzepts*. Stuttgart: Kohlhammer.

http://www.adhs.info

http://www.zentrales-adhs-netz.de

Baustein 2

Wir nehmen die Probleme unter die Lupe

Materialien zum Baustein 2

Arbeitsblatt 1: Beurteilungsbogen – Verhaltensprobleme des Schülers/der Schülerin

Arbeitsblatt 2: Analysebogen – Verhaltensauffälligkeiten des Schülers/der Schülerin

Arbeitsblatt 3: Problemliste – Verhaltensprobleme meines Schülers/meiner Schülerin

Arbeitsblatt 4: Analysebogen – Individuelles Bedingungsmodell für das Problemverhalten

Arbeitsblatt 5: Analysebogen – Mein Teufelskreis

→ Sie finden die Materialien am Ende des Bausteins (s. Seite 41) und als PDF-Download (s. Seite 153).

Kennen Sie das?

Lukas ist eine richtige kleine Nervensäge! In der Schule kommt er schon verspätet in die Klasse, weil er beim Ausziehen der Jacke trödelt. Im Unterricht geht es dann gleich weiter. Lukas redet die ganze Zeit dazwischen, stört seine Tischnachbarn und hört nicht auf das, was seine Lehrerin sagt: „Lukas, pack die Fußballkarten weg und nimm dein Mathebuch raus", das geht ins linke Ohr rein und rechts wieder raus. Schon nach einer viertel Stunde Unterricht ist Lukas' Lehrerin völlig genervt. Sie wiederholt sich immer wieder und wird immer wütender, weil Lukas einfach nicht hört und sie noch nicht einmal anschaut.
Dann reicht es ihr! „Du brauchst gar nicht zu glauben, dass du damit durchkommst. Wenn du jetzt nicht endlich die Karten wegpackst und dein Buch rausnimmst, dann bleibst du in der Pause drinnen und ich mache deinen Eltern eine Mitteilung!" Aber meist nützen diese Drohungen auch nichts und die Lehrerin gibt entnervt auf. Und dann geht Lukas doch in die Pause, weil die Lehrerin keine Zeit hat, ihn in der Pause zu beaufsichtigen.

Eigentlich würde sie Lukas auch gerne an einen Einzelplatz setzen, aber ihr Klassenraum ist sehr klein und Jonas und Marie sitzen auch schon an einem Einzelplatz. Hinzu kommt, dass sie sämtliche Materialien im Klassenraum aufbewahren muss und der Klassenraum aus diesem Grund sehr beengt und zugestellt ist. Dies führt ebenfalls dazu, dass Lukas häufig abgelenkt ist und mitten im Unterricht plötzlich zum Bücherregal läuft, da er ein interessantes Buch entdeckt hat.

Aber damit nicht genug. Da Lukas' Lehrerin in engem Austausch mit seiner Mutter steht, weiß sie, dass sich zu Hause das gleiche Bild zeigt. Den ganzen Tag ist Lukas auf Achse und macht nur Probleme. Schon beim Aufstehen geht das Theater los: Er will nicht aus dem Bett, sich nicht waschen oder anziehen und trödelt nur oder tobt einfach herum. Aus diesem Grund kommt Lukas häufig zu spät zum Unterricht. Auch zu Hause macht Lukas einfach nicht, was die Mutter sagt. Hinzu kommt, dass Lukas nicht die einzige Sorge seiner Mutter ist. Lukas' Vater hat im Moment so viel auf der Arbeit zu tun, dass er abends oft erst sehr spät und ganz müde nach Hause kommt. Daher hat Lukas' Mutter zurzeit keine Unterstützung mehr von ihm in der Familie.

Aber auch Lukas' Lehrerin selbst ist zurzeit stark belastet. Zum einen sind im Kollegium viele Lehrkräfte erkrankt und sie muss viele Vertretungsstunden geben, zum anderen hat auch sie privat viele Dinge, um die sie sich kümmern muss.

Platz für Ihre Bemerkungen/Fragen:

Was wollen wir mit diesem Baustein erreichen?

Liebe Pädagoginnen und Pädagogen,

es muss nicht immer so schlimm sein wie in unserem Beispiel, aber vielleicht kennen Sie ähnliche Situationen aus Ihrem Alltag, haben vielleicht bei bestimmten Schülern/Schülerinnen das Gefühl, dass fast alles schiefläuft, und fühlen sich dann manchmal genervt oder erschöpft. Mit diesem Arbeitsbuch wollen wir Ihnen helfen, solche Probleme zu lösen oder zumindest zu vermindern.

Um Ansatzpunkte für die Veränderung von Problemverhaltensweisen identifizieren zu können, ist es zunächst notwendig, das Problemverhalten genau zu beschreiben. Also: In welcher Situation tut der Schüler/die Schülerin was? Zudem ist es wichtig, ein Verständnis dafür aufzubauen, warum der Schüler/die Schülerin sich problematisch verhält und welche aufrechterhaltenden Faktoren das Problemverhalten negativ beeinflussen. Im ersten Teil dieses Bausteins wollen wir Ihnen dabei helfen, *individuelle Problemverhaltensweisen* des einzelnen Schülers/der einzelnen Schülerin zu identifizieren und genau zu beschreiben.

Danach wollen wir gemeinsam mit Ihnen ein *individuelles Bedingungsmodell* für die Verhaltensprobleme Ihres Schülers/Ihrer Schülerin entwickeln. Das bedeutet, dass wir die Problemverhaltensweisen genau definieren und die verschiedenen Komponenten, die vermutlich zu deren Entstehung und Aufrechterhaltung beitragen, aufdecken wollen. Nur, wenn Sie die Schwierigkeiten Ihres Schülers/Ihrer Schülerin und die aufrechterhaltenden Bedingungen ganz genau beschreiben, können Sie Ansatzpunkte für Veränderungen und damit auch Lösungen für die Probleme finden.

Schließlich lernen Sie den *Teufelskreis* kennen, in den viele Lehrkräfte mit unruhigen, impulsiven, unaufmerksamen oder aggressiven und leicht reizbaren Schülern/Schülerinnen geraten und der zur Aufrechterhaltung und Verstärkung der Problematik beiträgt. Je mehr Verhaltensprobleme auftreten, desto häufiger finden sich Lehrkräfte in diesem Teufelskreis wieder.

Nehmen Sie sich etwas Zeit, um diesen Baustein durchzuarbeiten. Wir bitten Sie, die Arbeitsblätter, die Sie am Ende des Bausteins finden, auszufüllen. Dies ist eine wichtige Voraussetzung für das Vorgehen in den anschließenden Bausteinen. Die nachfolgenden Bausteine werden versuchen, mehr konkrete Tipps zur Bewältigung der Probleme zu geben.

Wir sind uns bewusst, dass die Bearbeitung dieses Bausteins viel Zeit in Anspruch nimmt, und freuen uns sehr, dass Sie sich die Zeit nehmen, denn das ist nicht selbstverständlich! Nach all unseren Erfahrungen zahlt sich diese anfängliche Mühe aus, da die Interventionen, die wir Ihnen in diesem Arbeitsbuch vorstellen, Ihnen helfen können, langfristig zu einem konflikt- und stressfreieren Alltag zu gelangen.

Das kann Ihnen helfen!

Teil 1: Verschaffen Sie sich Klarheit über die individuellen Problemverhaltensweisen Ihres Schülers/Ihrer Schülerin

Kinder mit Aufmerksamkeits-, Konzentrations- und Selbststeuerungsdefiziten zeigen häufig eine Vielzahl verschiedener Auffälligkeiten in unterschiedlichen Situationen. Es entsteht schnell der Eindruck, dass eigentlich alles schiefläuft. Da die problematischen Situationen so sehr im Vordergrund stehen und überhandnehmen, fällt es oft schwer, einzelne Probleme genauer zu beschreiben und zwischen verschiedenen Problembereichen zu unterscheiden. Dies ist sehr verständlich! An allen Problemen gleichzeitig zu arbeiten, würde jedoch Kinder und Pädagoginnen/Pädagogen überfordern. Daher ist es wichtig, zunächst zu klären, wo die Schwierigkeiten und Probleme im Einzelnen liegen. Des Weiteren ist die Beschreibung eines konkreten Problems in einer konkreten Situation die Voraussetzung für die Definition realistischer Zielverhaltensweisen. Und sobald wir ein realistisches Zielverhalten im Blick haben, können wir überlegen und entscheiden, welche Interventionen notwendig sind, um dieses Ziel zu erreichen.

Bei dieser sicher nicht ganz einfachen Aufgabe wollen wir Ihnen mit den folgenden Hinweisen helfen:

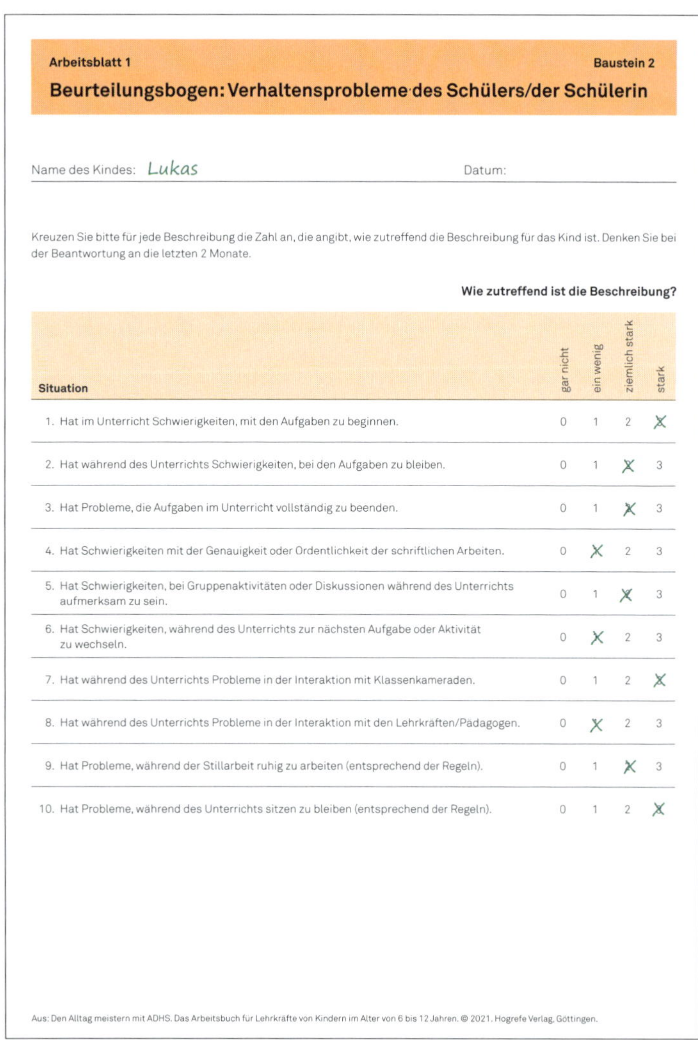

Arbeitsblatt 1 — Baustein 2

Beurteilungsbogen: Verhaltensprobleme des Schülers/der Schülerin

Name des Kindes: Lukas   Datum:

Kreuzen Sie bitte für jede Beschreibung die Zahl an, die angibt, wie zutreffend die Beschreibung für das Kind ist. Denken Sie bei der Beantwortung an die letzten 2 Monate.

Wie zutreffend ist die Beschreibung?

Situation	gar nicht	ein wenig	ziemlich stark	stark
1. Hat im Unterricht Schwierigkeiten, mit den Aufgaben zu beginnen.	0	1	2	X
2. Hat während des Unterrichts Schwierigkeiten, bei den Aufgaben zu bleiben.	0	1	X	3
3. Hat Probleme, die Aufgaben im Unterricht vollständig zu beenden.	0	1	X	3
4. Hat Schwierigkeiten mit der Genauigkeit oder Ordentlichkeit der schriftlichen Arbeiten.	0	X	2	3
5. Hat Schwierigkeiten, bei Gruppenaktivitäten oder Diskussionen während des Unterrichts aufmerksam zu sein.	0	1	X	3
6. Hat Schwierigkeiten, während des Unterrichts zur nächsten Aufgabe oder Aktivität zu wechseln.	0	X	2	3
7. Hat während des Unterrichts Probleme in der Interaktion mit Klassenkameraden.	0	1	2	X
8. Hat während des Unterrichts Probleme in der Interaktion mit den Lehrkräften/Pädagogen.	0	X	2	3
9. Hat Probleme, während der Stillarbeit ruhig zu arbeiten (entsprechend der Regeln).	0	1	X	3
10. Hat Probleme, während des Unterrichts sitzen zu bleiben (entsprechend der Regeln).	0	1	2	X

Abbildung 1:
Beurteilungsbogen – Verhaltensprobleme des Schülers/der Schülerin (Arbeitsblatt 1)

1. Bearbeiten Sie den „Beurteilungsbogen: Verhaltensprobleme des Schülers/der Schülerin".
Nehmen Sie den *Beurteilungsbogen: Verhaltensprobleme des Schülers/der Schülerin* (Arbeitsblatt 1; siehe Abbildung 1) zur Hand und bearbeiten Sie diesen für Ihren Schüler/Ihre Schülerin, soweit Sie Informationen zu den einzelnen Punkten kennen. Dies soll Ihnen dabei helfen, die Verhaltensprobleme Ihres Schülers/Ihrer Schülerin möglichst genau zu beschreiben. Kreuzen Sie bitte für jede einzelne Problembeschreibung auf diesem Bogen die Zahl an, die angibt, wie zutreffend die Beschreibung für Ihren Schüler/Ihre Schülerin ist.

2. Wählen Sie nun höchstens zwei Verhaltensprobleme oder Problemsituationen aus, die Sie als belastend erleben.
Gehen Sie nun Arbeitsblatt 1 noch einmal durch und wählen Sie höchstens zwei Verhaltensprobleme oder Problemsituationen in der Schule aus, die Sie im Folgenden genauer betrachten und verändern möchten. Sofern Sie eine Problemsituation benennen möchten, die nicht im *Beurteilungsbogen: Verhaltensprobleme des Schülers/der Schülerin* beschrieben wurde, ist dies auch möglich. Für den Anfang ist es günstig, Verhaltensprobleme oder Problemsituationen auszuwählen, die möglichst klar zu um-

schreiben sind und die Sie oder Ihr Schüler/Ihre Schülerin als sehr belastend empfinden/empfindet. Folgende Fragen können Ihnen bei der Auswahl helfen:

- Was belastet Sie im Moment am meisten?
- Wie häufig kommt das Problemverhalten vor?
- Welche Situationen erleben Sie als besonders problematisch?
- Wodurch ist das Kind besonders belastet/eingeschränkt (z.B. aggressives Verhalten, das zu sozialer Ausgrenzung führt; hohe Ablenkbarkeit im Unterricht, die die Leistungsfähigkeit deutlich beeinträchtigt)?
- Was trauen Sie sich zu, zu verändern?
- Was lässt sich am einfachsten verändern?
- Wobei können Sie Unterstützung erwarten (von Kollegen/Kolleginnen, Eltern usw.)?

3. Analysieren Sie die Verhaltensprobleme Ihres Schülers/Ihrer Schülerin.
Nehmen Sie den *Analysebogen: Verhaltensauffälligkeiten des Schülers/der Schülerin* (Arbeitsblatt 2) zur Hand. Sie erhalten den Bogen in zweifacher Ausführung, damit Sie die beiden ausgewählten Probleme analysieren können. Die schrittweise Beantwortung der Fragen auf dem Analysebogen ermöglicht es Ihnen, die ausgewählten Verhaltensprobleme Ihres Schülers/Ihrer Schülerin genauer zu betrachten. Um Ihnen diese Aufgabe zu erleichtern, haben wir einen Analysebogen beispielhaft für Sie ausgefüllt (siehe Abbildung 2).

Wenn Sie Schwierigkeiten haben, die Fragen zu beantworten, ist das von Ihnen ausgewählte Problem möglicherweise zu vielschichtig. Versuchen Sie in diesem Fall, das Problem in mehrere Einzelprobleme zu unterteilen oder sich auf Teilprobleme zu konzentrieren (z.B. statt „stört ständig andere Kinder“ besser „stört andere Kinder in Stillarbeitsphasen“, statt „ist unfolgsam“ besser „räumt seine Sammelkarten nicht weg“

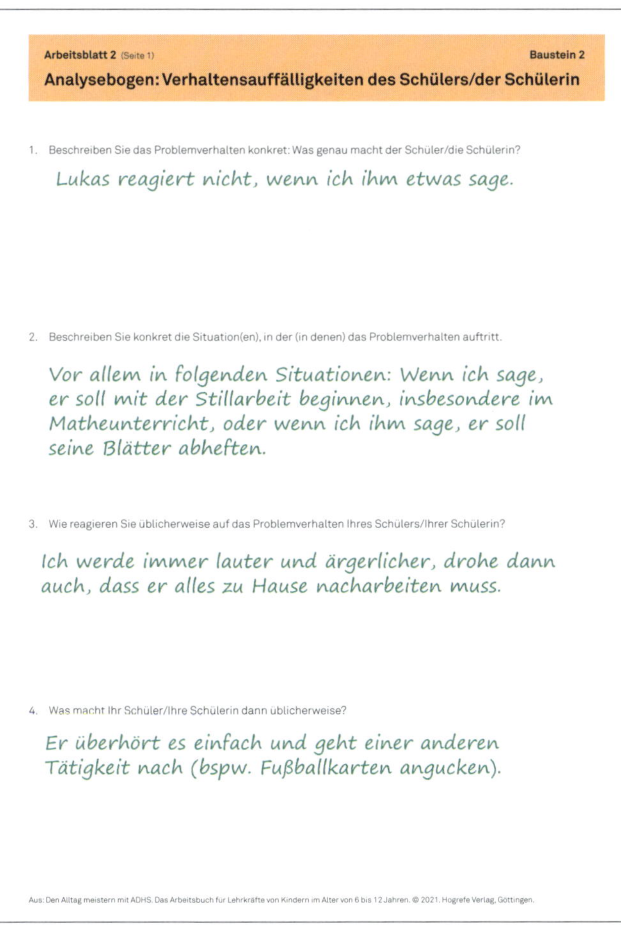

Arbeitsblatt 2 (Seite 1) Baustein 2

Analysebogen: Verhaltensauffälligkeiten des Schülers/der Schülerin

1. Beschreiben Sie das Problemverhalten konkret: Was genau macht der Schüler/die Schülerin?

   Lukas reagiert nicht, wenn ich ihm etwas sage.

2. Beschreiben Sie konkret die Situation(en), in der (in denen) das Problemverhalten auftritt.

   Vor allem in folgenden Situationen: Wenn ich sage, er soll mit der Stillarbeit beginnen, insbesondere im Matheunterricht, oder wenn ich ihm sage, er soll seine Blätter abheften.

3. Wie reagieren Sie üblicherweise auf das Problemverhalten Ihres Schülers/Ihrer Schülerin?

   Ich werde immer lauter und ärgerlicher, drohe dann auch, dass er alles zu Hause nacharbeiten muss.

4. Was macht Ihr Schüler/Ihre Schülerin dann üblicherweise?

   Er überhört es einfach und geht einer anderen Tätigkeit nach (bspw. Fußballkarten angucken).

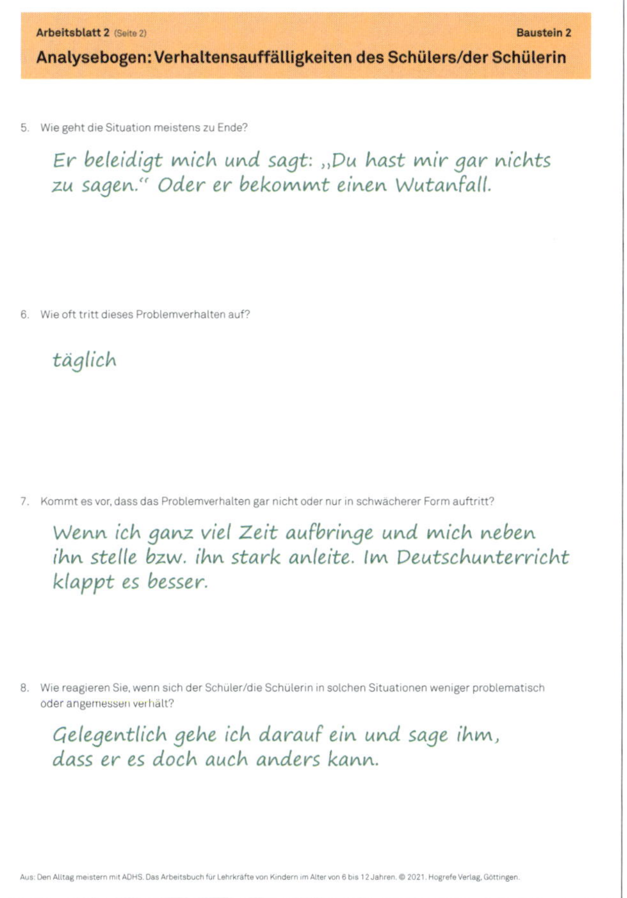

Arbeitsblatt 2 (Seite 2) Baustein 2

Analysebogen: Verhaltensauffälligkeiten des Schülers/der Schülerin

5. Wie geht die Situation meistens zu Ende?

   Er beleidigt mich und sagt: „Du hast mir gar nichts zu sagen.“ Oder er bekommt einen Wutanfall.

6. Wie oft tritt dieses Problemverhalten auf?

   täglich

7. Kommt es vor, dass das Problemverhalten gar nicht oder nur in schwächerer Form auftritt?

   Wenn ich ganz viel Zeit aufbringe und mich neben ihn stelle bzw. ihn stark anleite. Im Deutschunterricht klappt es besser.

8. Wie reagieren Sie, wenn sich der Schüler/die Schülerin in solchen Situationen weniger problematisch oder angemessen verhält?

   Gelegentlich gehe ich darauf ein und sage ihm, dass er es doch auch anders kann.

Abbildung 2:
Ausgefüllter *Analysebogen – Verhaltensauffälligkeiten des Schülers/der Schülerin* (Arbeitsblatt 2)

oder statt „ist ein Störenfried“ besser „macht im Unterricht zu viel Krach“). Versuchen Sie, bei der Problembeschreibung so konkret wie möglich zu sein, und versuchen Sie, dabei auch die Situation/Situationen einzugrenzen, in der/denen das Problemverhalten vor allem auftritt. Dies erleichtert spätere Interventionen erheblich.

4. Übertragen Sie die von Ihnen ausgewählten Verhaltensprobleme in die Problemliste.
Nehmen Sie die *Problemliste: Verhaltensprobleme meines Schülers/meiner Schülerin* (Arbeitsblatt 3) zur Hand. In diese Problemliste können Sie zwei konkrete Verhaltensprobleme in die Spalte „Problemverhalten“ auf der linken Seite eintragen. Um Ihnen die Formulierung der Verhaltensprobleme zu erleichtern, haben wir Ihnen dieses Arbeitsblatt einmal beispielhaft ausgefüllt (siehe Abbildung 3).

In den Wochenspalten der Problemliste können Sie über den Zeitraum von acht Wochen wöchentlich beurteilen, wie stark das Problem für Sie jeweils war. Dabei bedeutet eine Stärke von 5, dass das Problem für Sie kaum auszuhalten war. Eine Problemstärke von 0 würde aussagen, dass die Situation in der Woche ohne Probleme verlaufen ist. Manchmal kann es sein, dass ein Problemverhalten gar nicht auftreten konnte (z. B. weil in der letzten Woche schulfrei war). In diesem Fall streichen Sie die Spalte für die entsprechende Woche einfach durch. Es ist wichtig, dass Sie dieses Arbeitsblatt über die gesamte Zeit der Arbeit mit diesem Programm aufbewahren und griffbereit haben. Die Problemliste ermöglicht Ihnen einen genauen Überblick über den Verlauf der Probleme in dieser Zeit. Hauptziel unseres Programms ist es, genau diese von Ihnen angegebenen Probleme zu vermindern. Wenn Sie nur ein Problem auswählen, dann lassen Sie die zweite Zeile frei.

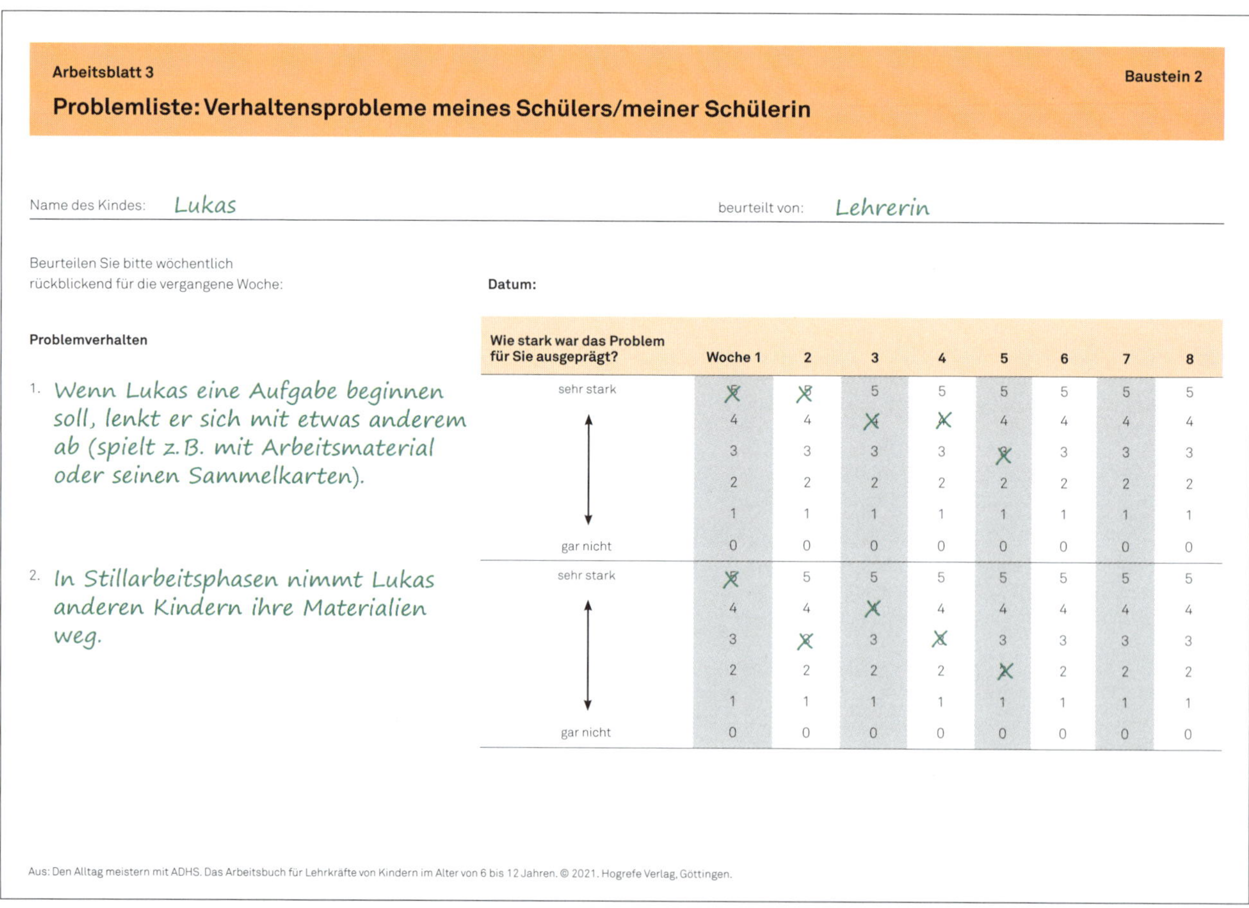

Arbeitsblatt 3 — Baustein 2

Problemliste: Verhaltensprobleme meines Schülers/meiner Schülerin

Name des Kindes: *Lukas* — beurteilt von: *Lehrerin*

Beurteilen Sie bitte wöchentlich rückblickend für die vergangene Woche:

Datum:

Problemverhalten	Wie stark war das Problem für Sie ausgeprägt?	Woche 1	2	3	4	5	6	7	8
1. *Wenn Lukas eine Aufgabe beginnen soll, lenkt er sich mit etwas anderem ab (spielt z. B. mit Arbeitsmaterial oder seinen Sammelkarten).*	sehr stark	5 X	5 X	5	5	5	5	5	5
		4	4	4 X	4 X	4	4	4	4
		3	3	3	3	3 X	3	3	3
		2	2	2	2	2	2	2	2
		1	1	1	1	1	1	1	1
	gar nicht	0	0	0	0	0	0	0	0
2. *In Stillarbeitsphasen nimmt Lukas anderen Kindern ihre Materialien weg.*	sehr stark	5 X	5	5	5	5	5	5	5
		4	4	4 X	4	4	4	4	4
		3	3 X	3	3 X	3	3	3	3
		2	2	2	2	2 X	2	2	2
		1	1	1	1	1	1	1	1
	gar nicht	0	0	0	0	0	0	0	0

Abbildung 3:
Ausgefüllte *Problemliste – Verhaltensprobleme meines Schülers/meiner Schülerin* (Arbeitsblatt 3)

Teil 2: Erstellen Sie ein individuelles Bedingungsmodell für das Problemverhalten Ihres Schülers/Ihrer Schülerin

Mithilfe eines hypothetischen individuellen Bedingungsmodells soll das Problemverhalten des Schülers/der Schülerin erklärt werden. Hierbei werden jene Faktoren berücksichtigt, die vermutlich zur Entwicklung der Verhaltensproblematik beitragen und sie aktuell aufrechterhalten, wobei unterschiedliche Ebenen beachtet werden:

- die individuellen Voraussetzungen, die der Schüler/die Schülerin mitbringt (z. B. Temperamentsmerkmale, besondere Ressourcen, körperliche/psychische Krankheiten, genetische Veranlagungen),
- die schulischen Rahmenbedingungen (z. B. Größe der Schule/Klasse, räumliche und personelle Ressourcen, Klassenzusammensetzung, Sitzordnung, Gestaltung der Arbeitsmaterialien, persönliche Ressourcen oder Probleme der Lehrkraft),
- das Verhalten der Lehrkraft, also wie die Pädagogin/der Pädagoge typischerweise auf problematische und angemessene Verhaltensweisen des Kindes reagiert,
- der soziale und familiäre Hintergrund des Kindes sowie bereits involvierte Hilfesysteme.

An den verschiedenen Ebenen können verschiedene Interventionsstrategien ansetzen. Wie Sie gesehen haben, ist das Verhalten der Lehrkraft einer von mehreren Ansatzpunkten, um Veränderungen zu erzielen. Sie als Lehrkraft können in erster Linie über Veränderungen der Rahmenbedingungen und Ihres Verhaltens das Problemverhalten des Schülers/der Schülerin beeinflussen. Auf die verschiedenen Interventionsstrategien werden wir in den folgenden Bausteinen genauer eingehen. Um ein individuelles Bedingungsmodell für das Problemverhalten Ihres Schülers/Ihrer Schülerin zu entwickeln, möchten wir Sie nun bitten, sich Zeit zu nehmen und die unterschiedlichen Ebenen für diesen Schüler/diese Schülerin inhaltlich zu beschreiben.

Bearbeiten Sie den „Analysebogen: Individuelles Bedingungsmodell für das Problemverhalten"

Nehmen Sie den *Analysebogen: Individuelles Bedingungsmodell für das Problemverhalten* (Arbeitsblatt 4) zur Hand und bearbeiten Sie diesen für Ihren Schüler/Ihre Schülerin. Ein Beispiel finden Sie in Abbildung 4. Folgende Fragen sollten bei der Erarbeitung beantwortet und in die jeweiligen passenden Felder eingetragen werden:

- Welches *Problemverhalten* zeigt Ihr Schüler/Ihre Schülerin?
- Welche Voraussetzungen bringt ***der Schüler/die Schülerin*** mit (Temperamentsmerkmale, körperliche/psychische Krankheiten, genetische Vorbelastungen)?
- Welche ***Rahmenbedingungen*** gibt es in Schule und Klasse (Größe der Schule/Klasse, räumliche und personelle Ressourcen, Klassenzusammensetzung, Sitzordnung, Beziehung zum Schüler/zur Schülerin)?
- Wie reagieren Sie *(**Verhalten der Lehrkraft**)* auf das Problemverhalten und das angemessene Verhalten des Schülers/der Schülerin?
- Welche Rahmenbedingungen finden Sie außerhalb der Schule vor? In welchem ***familiären Umfeld*** wächst der Schüler/die Schülerin auf? Welche ***Hilfesysteme*** sind involviert?

Versuchen Sie, sich anhand Ihrer Aufzeichnungen die Zusammenhänge zwischen den verschiedenen Problemen vor Augen zu führen, und markieren Sie diese auf dem *Arbeitsblatt 4: Analysebogen – Individuelles Bedingungsmodell für das Problemverhalten*.

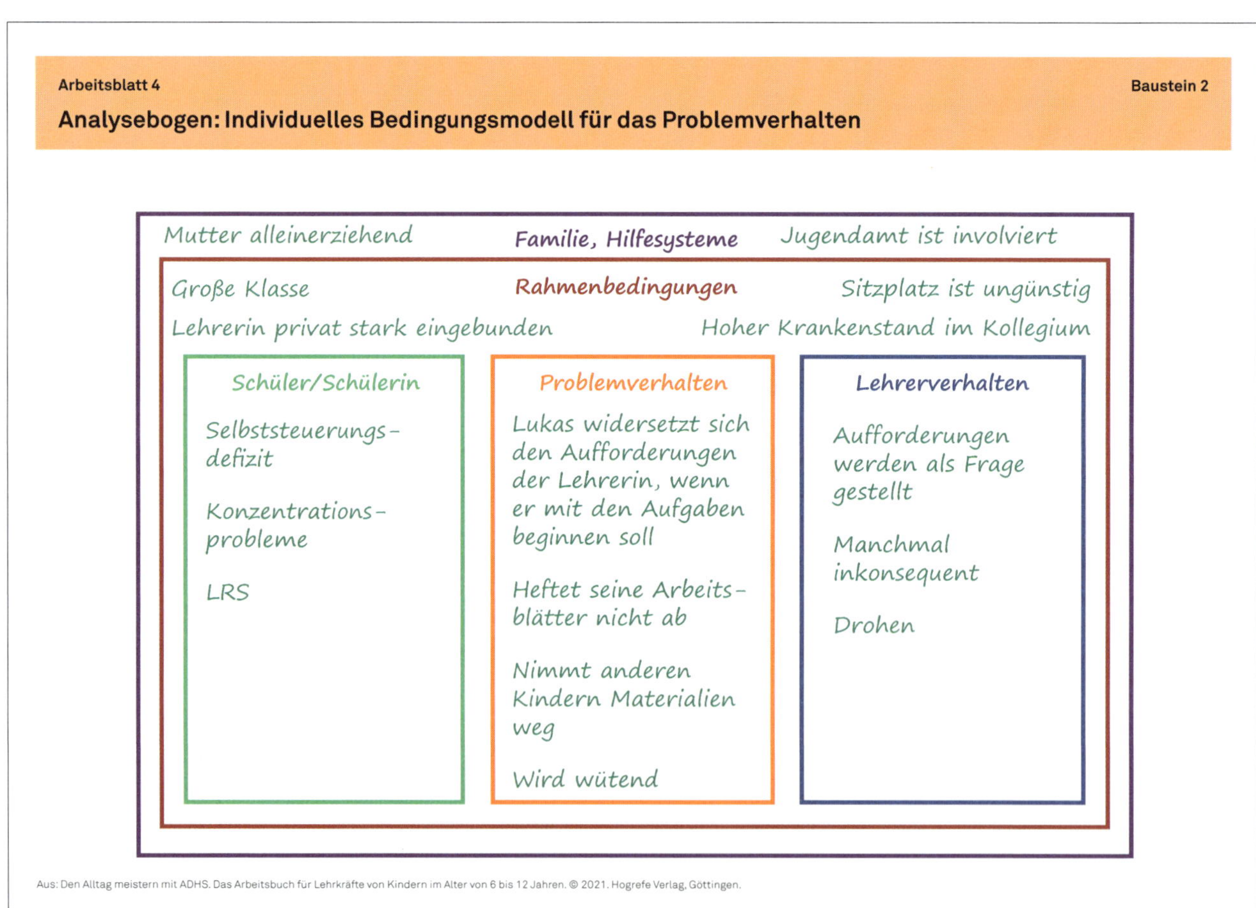

Abbildung 4:
Ausgefüllter *Analysebogen – Individuelles Bedingungsmodell für das Problemverhalten* (Arbeitsblatt 4)

Teil 3: Lernen Sie den Teufelskreis kennen!

Jetzt stellen wir Ihnen den Teufelskreis vor, in den viele Lehrkräfte mit ihren Schülern/Schülerinnen manchmal geraten, die hyperaktiv, impulsiv oder unaufmerksam sind. Der Teufelskreis zeigt auch die Ansatzpunkte auf, um Ihr Verhalten und darüber auch das Verhalten Ihres Schülers/Ihrer Schülerin zu verändern und so die Verhaltensprobleme zu vermindern. Deshalb ist er für unser weiteres Vorgehen besonders wichtig. Bitte überprüfen Sie, ob und in welchen Situationen Sie und Ihr Schüler/Ihre Schülerin ebenfalls in diesen Teufelskreis geraten oder geraten sind. Die folgende Abbildung zeigt den Teufelskreis, den wir im weiteren Verlauf erklären werden:

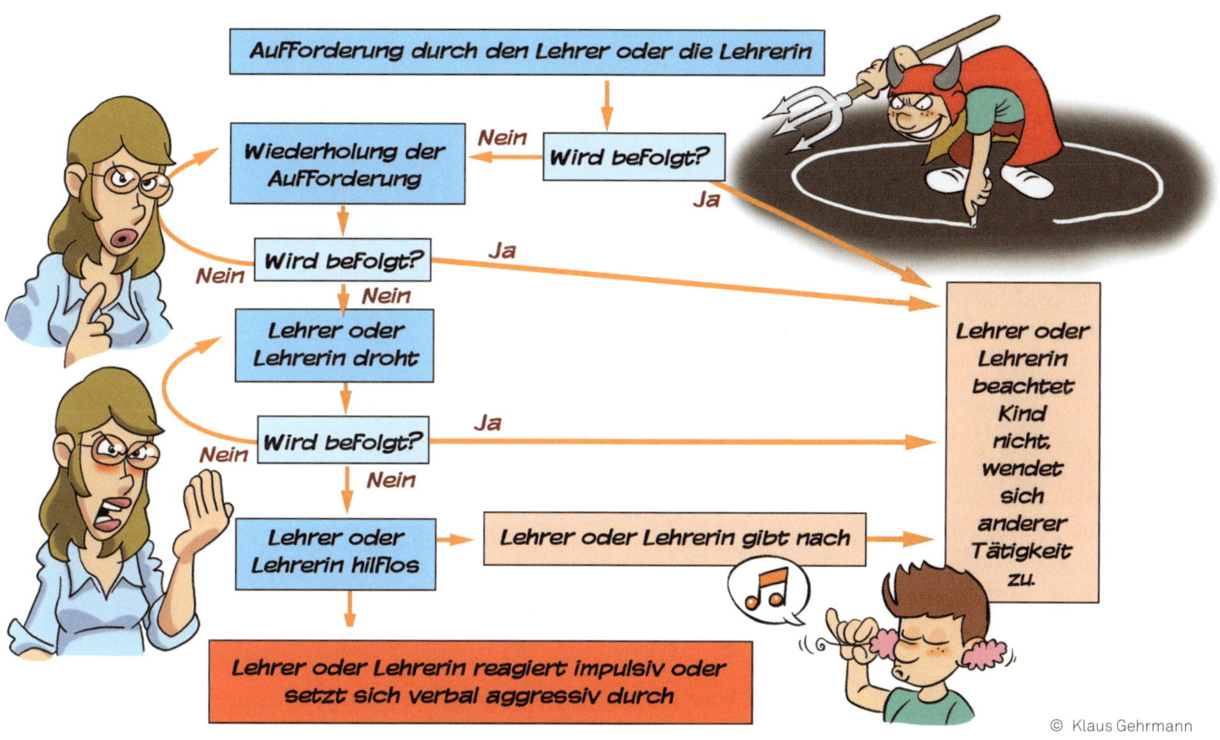

© Klaus Gehrmann

Vielleicht treffen nicht alle Punkte in der von uns geschilderten Form auf Sie und Ihren Schüler/Ihre Schülerin zu. Wir möchten Ihnen aber vorschlagen, den Teufelskreis einmal durchzugehen und zu reflektieren, ob Sie sich in einzelnen Reaktionen zumindest teilweise wiederfinden.

Der Teufelskreis

1. Die Pädagogin/der Pädagoge stellt dem Schüler/der Schülerin eine Aufforderung.

Lehrkräfte stellen ihren Schülern und Schülerinnen in vielen alltäglichen Situationen im Unterricht eine Aufforderung. Diese kann sehr unterschiedlich sein. Der Schüler/die Schülerin hat die Möglichkeit, die Aufforderung zu befolgen oder auch nicht zu befolgen. Wenn der Schüler/die Schülerin tut, wozu die Lehrkraft ihn/sie aufgefordert hat, achten viele Lehrkräfte nicht weiter auf den Schüler/die Schülerin, sondern fahren bspw. mit dem Unterricht fort. Kommt der Schüler/die Schülerin der Aufforderung nicht nach, geht der Teufelskreis weiter.

Welche Aufforderungen führen Sie und Ihren Schüler/Ihre Schülerin manchmal in den Teufelskreis?

2. Die Pädagogin/der Pädagoge wiederholt ihre/seine Aufforderung.

Kommt der Schüler/die Schülerin der Aufforderung nicht nach, wiederholt die Lehrkraft in der Regel zunächst ihre Aufforderung. Dabei wird die Lehrkraft häufig bei jeder Wiederholung der Aufforderung ärgerlicher und die Stimme wird lauter und gereizter. Der Schüler/die Schülerin kann bei jeder Wiederholung der Aufforderung doch noch das tun, was die Lehrkraft gesagt hat, oder weiterhin nicht „hören". Befolgt der Schüler/die Schülerin jetzt die Aufforderung, wendet sich die Lehrkraft – vielleicht ärgerlich und wütend – wieder anderen Beschäftigungen zu. Dabei fallen vielleicht Worte wie: „Geht doch! Warum nicht gleich so?" Befolgt der Schüler/die Schülerin die Aufforderung weiterhin nicht, geht der Teufelskreis weiter.

Wie reagieren Sie, wenn Ihr Schüler/Ihre Schülerin bei der Wiederholung Ihrer Aufforderung tut, was Sie ihm/ihr sagen?

Was tun Sie, wenn er/sie immer noch nicht tut, was Sie ihm/ihr aufgetragen haben?

3. Die Pädagogin/der Pädagoge droht.

An diesem Punkt des Teufelskreises droht die Lehrkraft ihrem Schüler/ihrer Schülerin häufig an, was passiert, wenn er/sie sich weiterhin nicht an die Aufforderung hält. Dabei kann es auch schon einmal passieren, dass diese Drohungen impulsiv ausgesprochen werden und nicht gut überlegt sind, da die Lehrkraft zu diesem Zeitpunkt schon sehr ärgerlich ist. Es kommt vor, dass auch diese Drohungen mehrfach wiederholt werden bzw. immer heftiger ausfallen. Der Schüler/die Schülerin hat nach jeder ausgesprochenen Drohung wieder die Möglichkeit, das zu tun, was die Lehrkraft ihm/ihr aufgetragen hat. Tut er/sie dies, wird die Lehrkraft wiederum in vielen Fällen verärgert den Unterricht fortsetzen. Tut der Schüler/die Schülerin andererseits immer noch nicht, was die Pädagogin/der Pädagoge gesagt hat, geht der Teufelskreis weiter.

Wie haben Sie reagiert, wenn Ihr Schüler/Ihre Schülerin nach der Androhung einer Strafe schließlich doch das getan hat, was Sie von ihm/ihr wollten?

Ist es Ihnen auch schon passiert, dass Sie impulsiv Drohungen ausgesprochen haben, die Sie im Nachhinein nicht für sinnvoll hielten?

4. Die Pädagogin/der Pädagoge ist ratlos.

An dieser Stelle im Teufelskreis angekommen, weiß die Lehrkraft dann häufig nicht weiter! Nichts scheint den Schüler/die Schülerin dazu zu bewegen, das zu tun, was die Lehrkraft ihm/ihr aufgetragen hat – weder eine freundliche Aufforderung noch eine ärgerliche Aufforderung noch Androhungen von Strafen. Jetzt reagiert die Lehrkraft möglicherweise auf eine von zwei Arten:

- Entweder, sie fordert von ihrem Schüler/ihrer Schülerin nicht mehr das, was sie eigentlich wollte, gibt also nach. Manchmal hat die Pädagogin/der Pädagoge in solchen Situationen Gedanken wie: „Mach doch, was du willst, dann lernst du eben nichts, mir auch egal! Ich kann nicht jedem was beibringen!", und entscheidet sich, sich den Schülern und Schülerinnen zu widmen, die etwas lernen wollen. Manchmal verzichtet die Lehrkraft an dieser Stelle ganz auf die Umsetzung ihrer Aufforderung. So bleibt beispielsweise der Lernstoff in Mathe für diesen Tag unbearbeitet oder die neu ausgeteilten Arbeitsblätter werden einfach lose in den Schulranzen „gestopft". Oder die Lehrkraft entscheidet sich, selbst das zu tun, was sie von ihrem Schüler/ihrer Schülerin verlangt hat, stellt also beispielsweise den Stuhl am Ende des Unterrichts selbst auf den Tisch.
- Oder die Lehrkraft reagiert verbal aggressiv auf das Problemverhalten ihres Schülers/ihrer Schülerin. Das heißt, sie wird laut oder schreit sogar den Schüler/die Schülerin an!

Kommt Ihnen dieser Teufelskreis bekannt vor?

Ist Ihnen dieses Gefühl der Ratlosigkeit bekannt?

Erkennen Sie sich in einer der geschilderten Reaktionen wieder?

Welche Erfahrungen macht der Schüler/die Schülerin im Teufelskreis?

Der Schüler/die Schülerin macht in diesem Teufelskreis vielfältige ungünstige Erfahrungen, die dazu beitragen, dass die Verhaltensprobleme eher weiter zunehmen.

- *Gibt die Lehrkraft am Ende des Teufelskreises nach*, macht der Schüler/die Schülerin die Erfahrung, dass er/sie oft doch nicht tun muss, was die Lehrkraft ihm/ihr aufgetragen hat, wenn er/sie ihre „Nörgeleien" nur lange genug aushält. Das heißt, er/sie macht die Erfahrung, dass die Aufforderungen und letztlich auch die Drohungen der Lehrkraft oft nicht ernst zu nehmen sind. Dadurch wird die Wahrscheinlichkeit geringer, dass der Schüler/die Schülerin die nächste Aufforderung der Lehrkraft direkt oder nach einer kurzen Zeit befolgen wird. Durch dieses Verhalten wird der Schüler/die Schülerin ungewollt dazu „erzogen", immer häufiger „Nein!" zu sagen!
- *Reagiert die Lehrkraft am Ende verbal aggressiv*, bietet sie ein aggressives Modell! Der Schüler/die Schülerin macht die Erfahrung, dass gutes Zureden und auch Drohungen oft nichts nutzen, sondern dass sich letztlich nur der Stärkere durchsetzen kann!
- *Auch wenn der Schüler/die Schülerin zu irgendeinem Zeitpunkt in dem Teufelskreis das tut, was die Pädagogin/der Pädagoge gesagt hat,* macht er/sie häufig ungünstige Erfahrungen. Die Lehrkraft widmet sich dann meist den anderen Schülern und Schülerinnen bzw. fährt mit dem Unterricht fort. Schüler/Schülerinnen, die hyperaktiv, impulsiv oder unaufmerksam sind, kosten oft sehr viel Kraft, Zeit und Nerven. So ist es sehr verständlich, wenn die Lehrkraft froh ist, wenn sie endlich den anderen Schülern und Schülerinnen gerecht werden kann. Der Schüler/die Schülerin bekommt aber den Eindruck, dass sein/ihr angemessenes oder weniger problematisches Verhalten die Pädagogin/den Pädagogen gar nicht weiter interessiert. Die mangelnde positive Aufmerksamkeit wird dazu führen, dass der Schüler/die Schülerin in Zukunft eher seltener das tut, was die Lehrkraft sagt. Außerdem führt dies dazu, dass gemeinsame positive Erfahrungen immer mehr in den Hintergrund rücken und die Pädagogin/der Pädagoge und der Schüler/die Schülerin schließlich fast nur noch negativ – ermahnend, schimpfend, drohend – miteinander umgehen. Lehrkräfte haben dann oft das Gefühl, dass sie den Schüler/die Schülerin nur noch ermahnen oder ihm/ihr drohen, und der Schüler/die Schülerin erlebt seine/ihre Lehrkraft nur noch als „Bestrafer".

Aber auch Sie als Lehrkraft machen ungünstige Erfahrungen im Teufelskreis!

- Sie bekommen den Eindruck, dass alle Bitten, Aufforderungen und Strafandrohungen nichts nutzen. Ihr Schüler/Ihre Schülerin hört einfach nicht, und Sie fühlen sich hilflos. Auf der anderen Seite haben Sie vielleicht die Erfahrung gemacht, dass Ihr Schüler/Ihre Schülerin getan hat, was Sie wollten, wenn Sie ihm/ihr gegenüber doch einmal verbal sehr aggressiv geworden sind. Für diese verbale Aggression bestärkt Ihr Schüler/Ihre Schülerin Sie, wenn er/sie dann hört. Dadurch steigt die Wahrscheinlichkeit, dass Sie das nächste Mal genauso reagieren. Auf diese Weise können Lehrkräfte immer öfter in eine Situation kommen, in der sie über Drohungen oder verbale Aggression ihr Ziel erreichen, obwohl sie ihren Schülern und Schülerinnen eigentlich nicht mit heftigen Strafen etwas beibringen möchten.
- Im Nachhinein merken Sie vielleicht, dass Sie es nicht schaffen, Sanktionen durchzuhalten, die Sie angedroht haben (z.B. in der Pause drinnen bleiben), da Sie dann nur noch mehr Schwierigkeiten mit Ihrem Schüler/Ihrer Schülerin bekommen. Sie geraten so immer wieder in Situationen, in denen Sie sich in-

konsequent verhalten, wodurch sich wiederum die Verhaltensprobleme Ihres Schülers/Ihrer Schülerin verstärken.

- Die Wahrscheinlichkeit, dass Sie entmutigt werden und gar nicht weiter versuchen, den Schüler/die Schülerin dazu zu bewegen, den Anweisungen zu folgen, steigt jedes Mal, wenn Ihr Schüler/Ihre Schülerin nicht auf Sie gehört hat. Dadurch lassen Sie Ihrem Schüler/Ihrer Schülerin immer mehr durchgehen, was die Verhaltensschwierigkeiten langfristig noch mehr verstärkt. Und Sie fühlen sich immer hilfloser.

Gehen Sie die einzelnen Schritte des Teufelskreises in Ruhe durch und überlegen Sie, ob es Situationen in Ihrem schulischen Alltag gibt, in denen Sie sich in diesem Teufelskreis wiederfinden. Gehen Sie in Gedanken vor allem die Situationen oder Verhaltensprobleme durch, die Sie im ersten Teil dieses Bausteins näher beschrieben haben und die Sie verändern wollen. Nutzen Sie *Arbeitsblatt 5: Analysebogen – Mein Teufelskreis* und tragen Sie exemplarisch für ein Problemverhalten aus der Problemliste sowohl Ihre Gefühle als auch Ihre Reaktionen ein, wenn der Schüler/die Schülerin Ihre Anweisung befolgt oder nicht befolgt (Abbildung 5 auf Seite 40 dient als Beispiel). Reflektieren Sie Ihr Verhalten!

Ausbruch aus dem Teufelskreis!

Ziel dieses Arbeitsbuches ist es, Sie beim Ausbruch aus diesem Teufelskreis zu unterstützen. Im Allgemeinen ist es dazu sinnvoll und notwendig, an mehreren Stellen anzusetzen. Dabei wollen wir Sie in den nächsten Bausteinen Schritt für Schritt unterstützen. So können Sie dafür sorgen, dass Sie gemeinsam mit Ihrem Schüler/Ihrer Schülerin wieder vermehrt positive Erfahrungen machen, wir werden besprechen, wie Sie eindeutige Regeln aufstellen und Ihrem Schüler/Ihrer Schülerin wirkungsvolle Aufforderungen geben können, und wir werden uns mit angemessenen Konsequenzen für das Befolgen und Nichtbefolgen von Regeln und Aufforderungen beschäftigen. Diese Schritte können jedoch nicht auf einmal gemacht werden; es braucht etwas Zeit und Geduld. Daher werden wir diese Möglichkeiten langsam und eine nach der anderen in den nächsten Bausteinen besprechen. Wenn Sie den vorliegenden Baustein bearbeitet haben, haben Sie sich schon einmal viel Arbeit und Gedanken gemacht, was nicht selbstverständlich ist. Wir freuen uns, dass Sie als Pädagogin/Pädagoge diese Mühe auf sich nehmen. Nun sind schon viele wichtige erste Schritte gemacht, auf denen Sie dann in den nächsten Wochen aufbauen können.

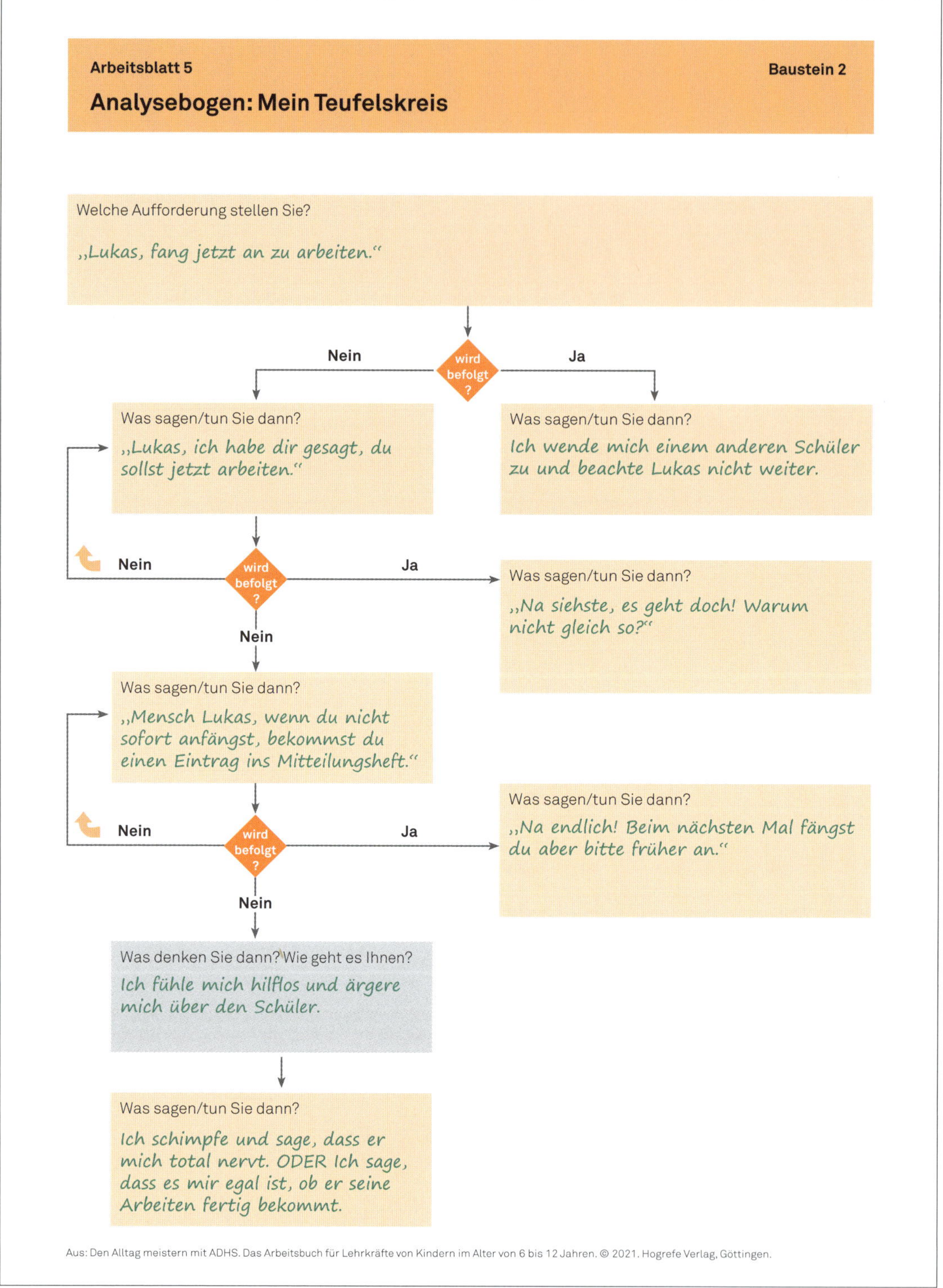

Abbildung 5:
Ausgefüllter *Analysebogen – Mein Teufelskreis* (Arbeitsblatt 5)

Arbeitsblatt 1 **Baustein 2**

Beurteilungsbogen: Verhaltensprobleme des Schülers/der Schülerin

Name des Kindes: Datum:

Kreuzen Sie bitte für jede Beschreibung die Zahl an, die angibt, wie zutreffend die Beschreibung für das Kind ist. Denken Sie bei der Beantwortung an die letzten 2 Monate.

Wie zutreffend ist die Beschreibung?

Situation	gar nicht	ein wenig	ziemlich stark	stark
1. Hat im Unterricht Schwierigkeiten, mit den Aufgaben zu beginnen.	0	1	2	3
2. Hat während des Unterrichts Schwierigkeiten, bei den Aufgaben zu bleiben.	0	1	2	3
3. Hat Probleme, die Aufgaben im Unterricht vollständig zu beenden.	0	1	2	3
4. Hat Schwierigkeiten mit der Genauigkeit oder Ordentlichkeit der schriftlichen Arbeiten.	0	1	2	3
5. Hat Schwierigkeiten, bei Gruppenaktivitäten oder Diskussionen während des Unterrichts aufmerksam zu sein.	0	1	2	3
6. Hat Schwierigkeiten, während des Unterrichts zur nächsten Aufgabe oder Aktivität zu wechseln.	0	1	2	3
7. Hat während des Unterrichts Probleme in der Interaktion mit Klassenkameraden.	0	1	2	3
8. Hat während des Unterrichts Probleme in der Interaktion mit den Lehrkräften/Pädagogen.	0	1	2	3
9. Hat Probleme, während der Stillarbeit ruhig zu arbeiten (entsprechend der Regeln).	0	1	2	3
10. Hat Probleme, während des Unterrichts sitzen zu bleiben (entsprechend der Regeln).	0	1	2	3

Arbeitsblatt 2 (Seite 1) **Baustein 2**

Analysebogen: Verhaltensauffälligkeiten des Schülers/der Schülerin

1. Beschreiben Sie das Problemverhalten konkret: Was genau macht der Schüler/die Schülerin?

2. Beschreiben Sie konkret die Situation(en), in der (in denen) das Problemverhalten auftritt.

3. Wie reagieren Sie üblicherweise auf das Problemverhalten Ihres Schülers/Ihrer Schülerin?

4. Was macht Ihr Schüler/Ihre Schülerin dann üblicherweise?

Arbeitsblatt 2 (Seite 2) **Baustein 2**

Analysebogen: Verhaltensauffälligkeiten des Schülers/der Schülerin

5. Wie geht die Situation meistens zu Ende?

6. Wie oft tritt dieses Problemverhalten auf?

7. Kommt es vor, dass das Problemverhalten gar nicht oder nur in schwächerer Form auftritt?

8. Wie reagieren Sie, wenn sich der Schüler/die Schülerin in solchen Situationen weniger problematisch oder angemessen verhält?

Arbeitsblatt 2 (Seite 1) **Baustein 2**

Analysebogen: Verhaltensauffälligkeiten des Schülers/der Schülerin

1. Beschreiben Sie das Problemverhalten konkret: Was genau macht der Schüler/die Schülerin?

2. Beschreiben Sie konkret die Situation(en), in der (in denen) das Problemverhalten auftritt.

3. Wie reagieren Sie üblicherweise auf das Problemverhalten Ihres Schülers/Ihrer Schülerin?

4. Was macht Ihr Schüler/Ihre Schülerin dann üblicherweise?

Arbeitsblatt 2 (Seite 2) **Baustein 2**

Analysebogen: Verhaltensauffälligkeiten des Schülers/der Schülerin

5. Wie geht die Situation meistens zu Ende?

6. Wie oft tritt dieses Problemverhalten auf?

7. Kommt es vor, dass das Problemverhalten gar nicht oder nur in schwächerer Form auftritt?

8. Wie reagieren Sie, wenn sich der Schüler/die Schülerin in solchen Situationen weniger problematisch oder angemessen verhält?

Arbeitsblatt 3 **Baustein 2**

Problemliste: Verhaltensprobleme meines Schülers/meiner Schülerin

Name des Kindes: beurteilt von:

Beurteilen Sie bitte wöchentlich rückblickend für die vergangene Woche:

Datum:

Problemverhalten	**Wie stark war das Problem für Sie ausgeprägt?**	**Woche 1**	**2**	**3**	**4**	**5**	**6**	**7**	**8**
1.	sehr stark	5	5	5	5	5	5	5	5
	↑	4	4	4	4	4	4	4	4
		3	3	3	3	3	3	3	3
		2	2	2	2	2	2	2	2
	↓	1	1	1	1	1	1	1	1
	gar nicht	0	0	0	0	0	0	0	0
2.	sehr stark	5	5	5	5	5	5	5	5
	↑	4	4	4	4	4	4	4	4
		3	3	3	3	3	3	3	3
		2	2	2	2	2	2	2	2
	↓	1	1	1	1	1	1	1	1
	gar nicht	0	0	0	0	0	0	0	0

Arbeitsblatt 4

Baustein 2

Analysebogen: Individuelles Bedingungsmodell für das Problemverhalten

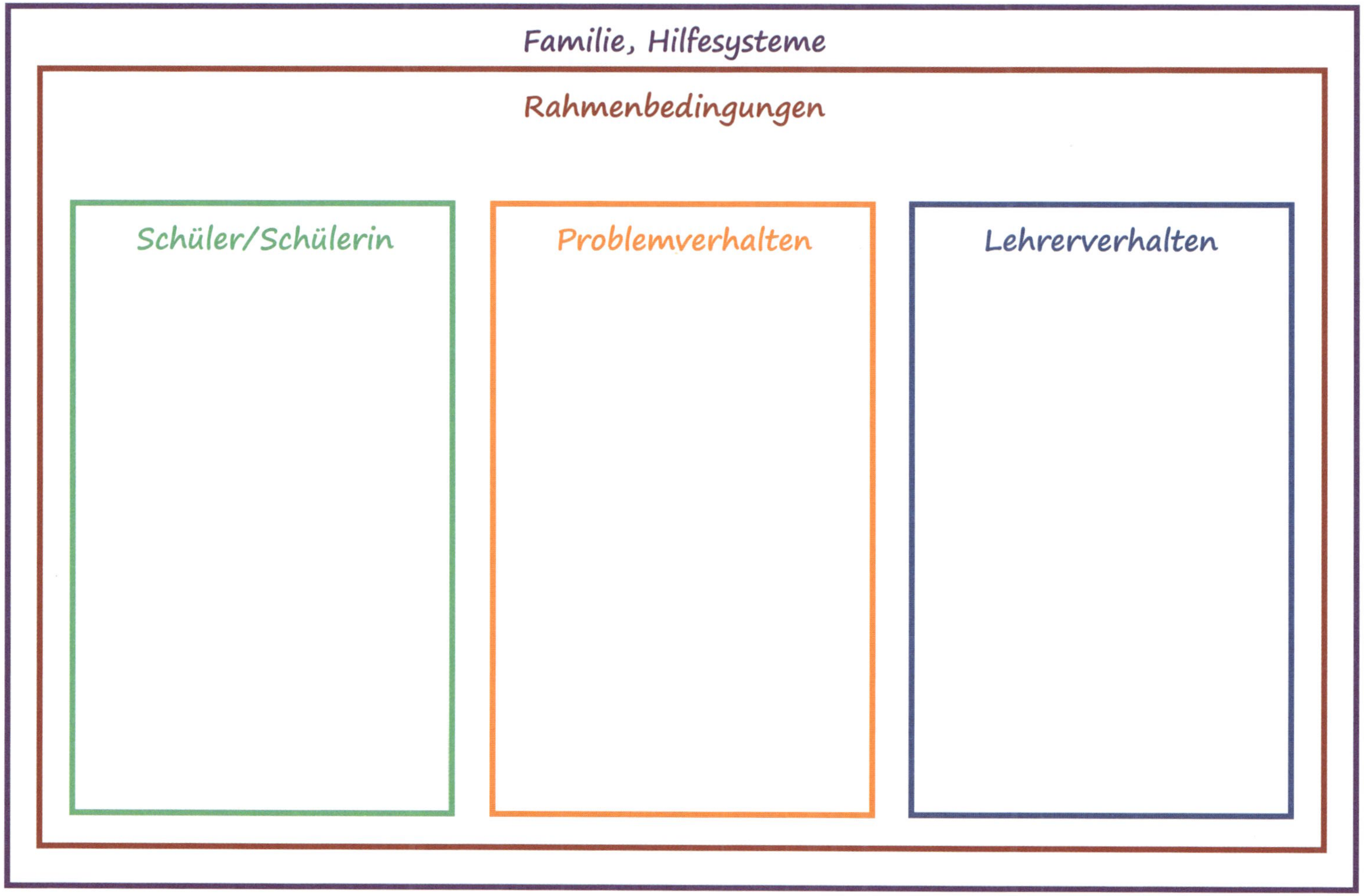

Familie, Hilfesysteme

Rahmenbedingungen

Schüler/Schülerin

Problemverhalten

Lehrerverhalten

Arbeitsblatt 5 Baustein 2

Analysebogen: Mein Teufelskreis

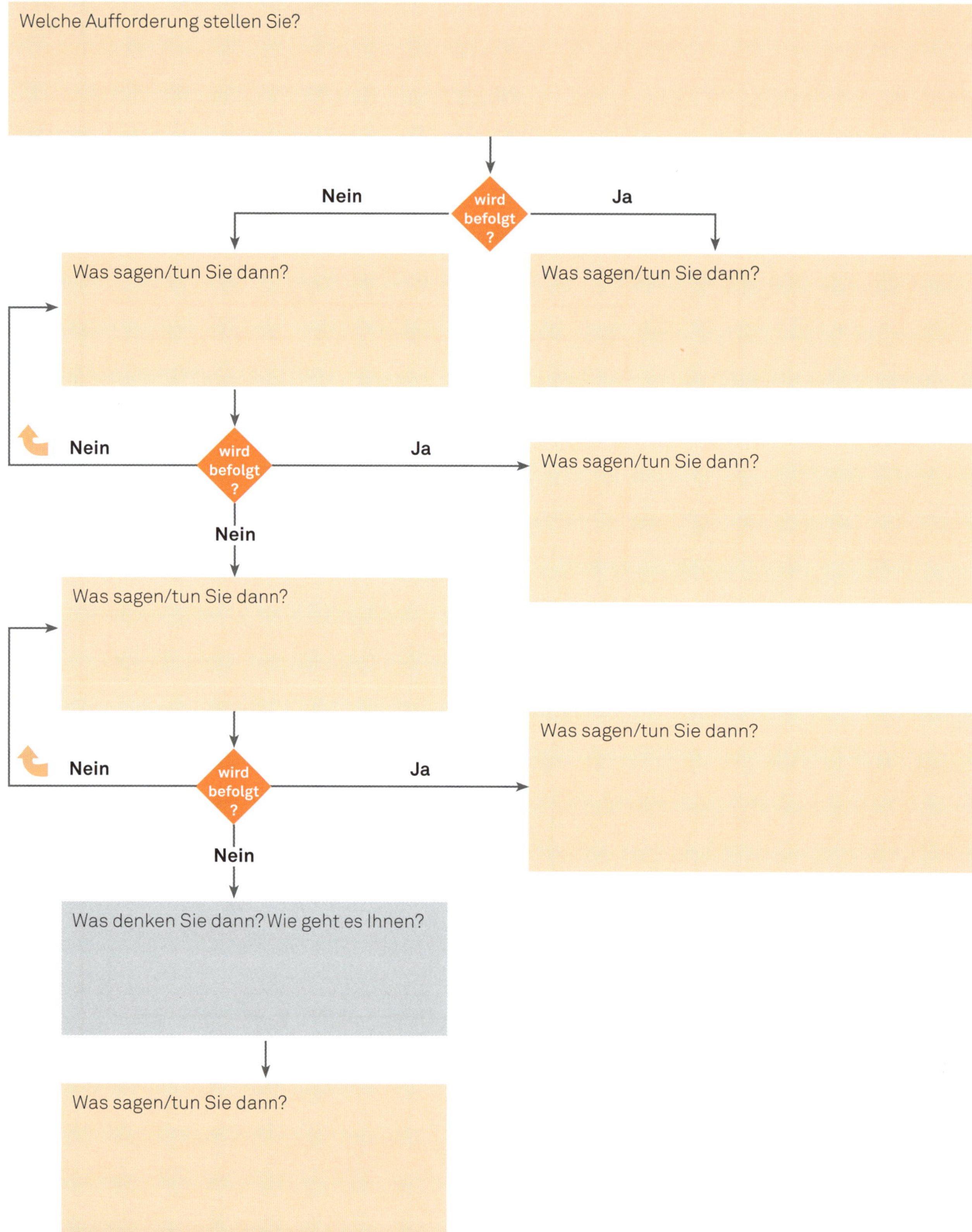

Baustein 3

Schaffen Sie eine gute Basis

Materialien zum Baustein 3
Arbeitsblatt 6: Lernumgebung und Arbeitsmaterial
Memokarte 1: Was mögen Sie an Ihrem Schüler/Ihrer Schülerin? und Positiv-Tagebuch

→ Sie finden die Materialien am Ende des Bausteins (s. Seite 63) und als PDF-Download (s. Seite 153).

Kennen Sie das?

Lukas' Lehrerin kommt morgens in die Schule und erfährt, dass sie aufgrund einer erkrankten Kollegin Vertretungsunterricht machen muss. Eigentlich wollte sie noch etwas für den Unterricht in ihrer Klasse vorbereiten, was nun nicht mehr klappt. Nach der Vertretungsstunde kommt Lukas' Lehrerin abgehetzt in die eigene Klasse, und schon nach der ersten Stunde hat sie von Lukas die Nase voll. Erst kommt er zu spät zum Unterricht und poltert so laut in die Klasse, dass die ganze Ruhe dahin ist. Lukas' Lehrerin ist dann erst mal wieder fünf Minuten damit beschäftigt, für Ruhe zu sorgen. Als dann eine Schülerin eine Geschichte vorlesen soll, redet Lukas die ganze Zeit dazwischen, und alle anderen finden es auch noch total lustig. Auch in der anschließenden Stillarbeitsphase kann Lukas nicht ruhig und konzentriert arbeiten und lenkt permanent seine Tischnachbarn ab. Das geht dann den restlichen Schultag so weiter. Eigentlich würde die Lehrerin Lukas gerne an einen Einzelplatz setzen, aber dafür ist aufgrund des kleinen Klassenraums kein Platz, denn auch zwei andere Schüler benötigen einen Einzelplatz.

Wenn Lukas' Lehrerin an die letzten Wochen denkt, stellt sie fest, dass viele Tage so verlaufen sind und dass sie in letzter Zeit kaum noch schöne Erfahrungen mit Lukas gemacht hat. Die Lehrerin hat das Gefühl, dass sie fast nur noch damit beschäftigt ist, mit Lukas zu schimpfen und ihn zu ermahnen. Sie hat den Eindruck, dass er sich ständig danebenbenimmt und sie sich kaum noch über ihn freuen kann. Lukas fühlt sich aber genauso: Er erlebt seine Lehrerin nur noch als schimpfend und denkt manchmal, dass sie ihn gar nicht mehr gern hat.

© Klaus Gehrmann

Fühlen Sie sich auch manchmal so wie die Lehrerin von Lukas?
(Sie können hier Ihre Erfahrungen stichwortartig aufschreiben.)

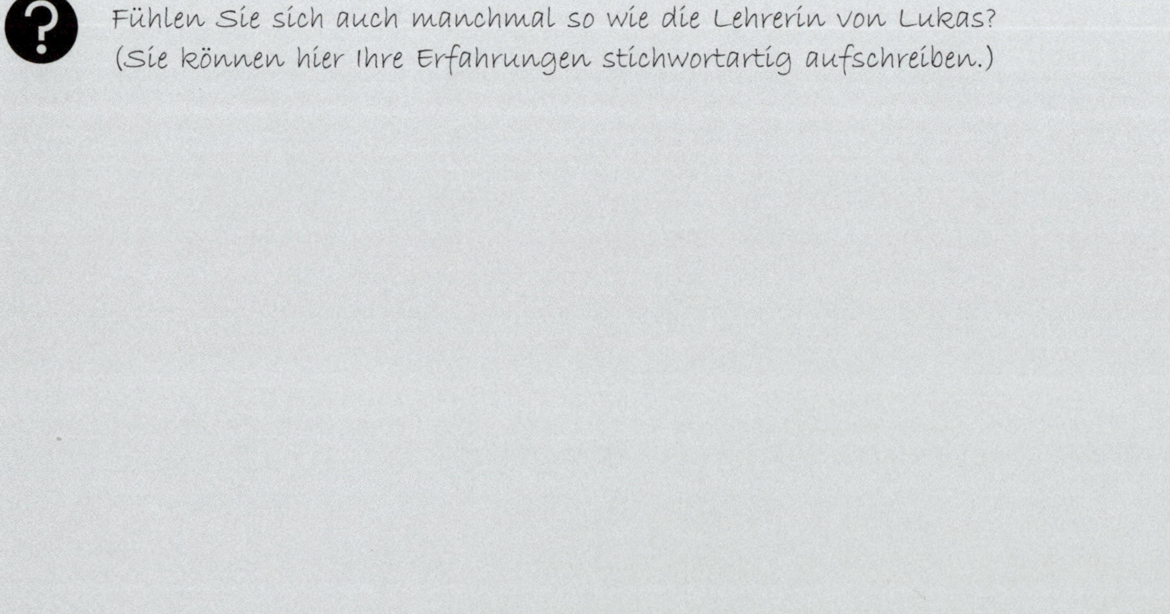

Was wollen wir mit diesem Baustein erreichen?

Liebe Pädagoginnen und Pädagogen,

im zweiten Baustein haben wir bereits gemeinsam mit Ihnen konkrete Verhaltensprobleme Ihres Schülers/Ihrer Schülerin definiert, ein Bedingungsmodell erarbeitet (siehe Abbildungen 3 und 4 im zweiten Baustein) und Ihnen den Teufelskreis vorgestellt, in den auch Lukas und seine Lehrerin manchmal geraten (siehe Abbildung 5 im zweiten Baustein). Vielleicht kennen Sie ähnliche Situationen aus Ihrem Alltag, die möglicherweise auch weniger heftig sind als in unserem Beispiel. Wir müssen zunächst eine Basis schaffen, z. B. über eine Anpassung von Rahmenbedingungen im Kontext der Schule, um aus diesem Teufelskreis ausbrechen zu können. Konkret soll es in diesem Baustein zunächst um die Anpassung oder Veränderung der Lernumgebung sowie um die Beziehung zwischen Ihnen und Ihrem Schüler/Ihrer Schülerin gehen.

Durch diese Veränderungen schaffen Sie wichtige Voraussetzungen, um die Verhaltensprobleme Ihres Schülers/Ihrer Schülerin effektiv zu vermindern. Nur, wenn eine positive Beziehung zwischen Lehrperson und Schüler/Schülerin aufgebaut ist und bestimmte Rahmenbedingungen bestehen, können die nächsten Schritte helfen, nämlich klare Regeln aufzustellen und positive wie auch negative Konsequenzen zu setzen, auf die wir in den Bausteinen 5 bis 8 noch zu sprechen kommen.

Das kann Ihnen helfen!

Gut gestaltete Rahmenbedingungen können die Basis für eine ruhige und angenehme Lernatmosphäre sowohl für die gesamte Klasse als auch für einen einzelnen Schüler/eine einzelne Schülerin sein. Zugleich definieren Rahmenbedingungen einen Handlungsrahmen und geben Orientierung für die gesamte Schule, die Klasse, die Lehrpersonen, aber auch für den einzelnen Schüler/die einzelne Schülerin. Da Ihr alleiniger Handlungsspielraum auf der Schulebene begrenzt ist, möchten wir Ihnen diesen Aspekt an dieser Stelle nur kurz vorstellen und dann genauer auf die Rahmenbedingungen auf Klassenebene und die Beziehung zu Ihrem Schüler/Ihrer Schülerin eingehen. Viele der im Folgenden genannten Punkte werden Ihnen sicherlich bekannt vorkommen, und sicherlich werden Sie vieles bereits in Ihrer täglichen Arbeit berücksichtigen. Wir würden uns freuen, wenn Sie sich dennoch einmal mit den einzelnen Aspekten auseinandersetzen und überprüfen, ob sich vielleicht für Sie noch Veränderungsmöglichkeiten ergeben.

Teil 1: Schulische Rahmenbedingungen verändern – die Schulebene

Möglichkeiten, günstige Rahmenbedingungen auf der *Schulebene* zu schaffen, können sein:

1. Schulregeln/Schulvertrag:
Schulregeln oder ein Schulvertrag dienen dazu, das Miteinander auf Schulebene zu regeln. Hierbei ist es wichtig, dass alle (auch die Eltern) hinter den Regeln stehen und diese von allen Lehrkräften gleichermaßen durchgesetzt werden. Außerdem sollten die Regeln oder der Vertrag gut platziert für alle sichtbar sein.

2. Einführung eines Trainingsraumes:
Der Trainingsraum kann zum Einsatz kommen, wenn ein Schüler/eine Schülerin wiederholt den Unterricht stört. Der Schüler/die Schülerin wird dann mit einer entsprechenden Notiz in einen separaten Raum geschickt und soll dort sein/ihr Störverhalten gemeinsam mit einer Lehrkraft reflektieren. Der Schüler/die Schülerin wird hierbei angeleitet, Verantwortung für sein/ihr Handeln zu übernehmen.

3. Nachteilsausgleich:
Die Vorschriften über Hilfen für behinderte Menschen zum Ausgleich behinderungsbedingter Nachteile oder Mehraufwendungen (Nachteilsausgleich) sind so gestaltet, dass sie unabhängig von der Ursache der Behinderung der Art oder Schwere der Behinderung Rechnung tragen (SGB IX, § 126, Abs. 1). Grundlegend haben Schüler und Schülerinnen mit Behinderungen Anspruch auf einen Nachteilsausgleich. Ein Antrag auf Nachtteilausgleich ist von den Eltern bei der Schule zu stellen. Der Nachteilsausgleich ist in den meisten Bundesländern in den Schulgesetzen geregelt und sieht für Schüler und Schülerinnen mit einer Behinderung besondere Maßnahmen (bspw. Zeitverlängerung bei Klassenarbeiten, Klassenarbeiten in mündlicher Form) vor. Für die Lese-Rechtschreibstörung ist die Möglichkeit des Nachteilsausgleichs in den meisten Schulgesetzen schon geregelt. Aber auch für ADHS ist ein Nachteilsausgleich in den meisten Bundesländern möglich. Informationen hierzu finden Sie unter folgendem Link: http://www.zentrales-adhs-netz.de/fuer-paedagogen/schulrechtliche-rahmenbedingungen.html.

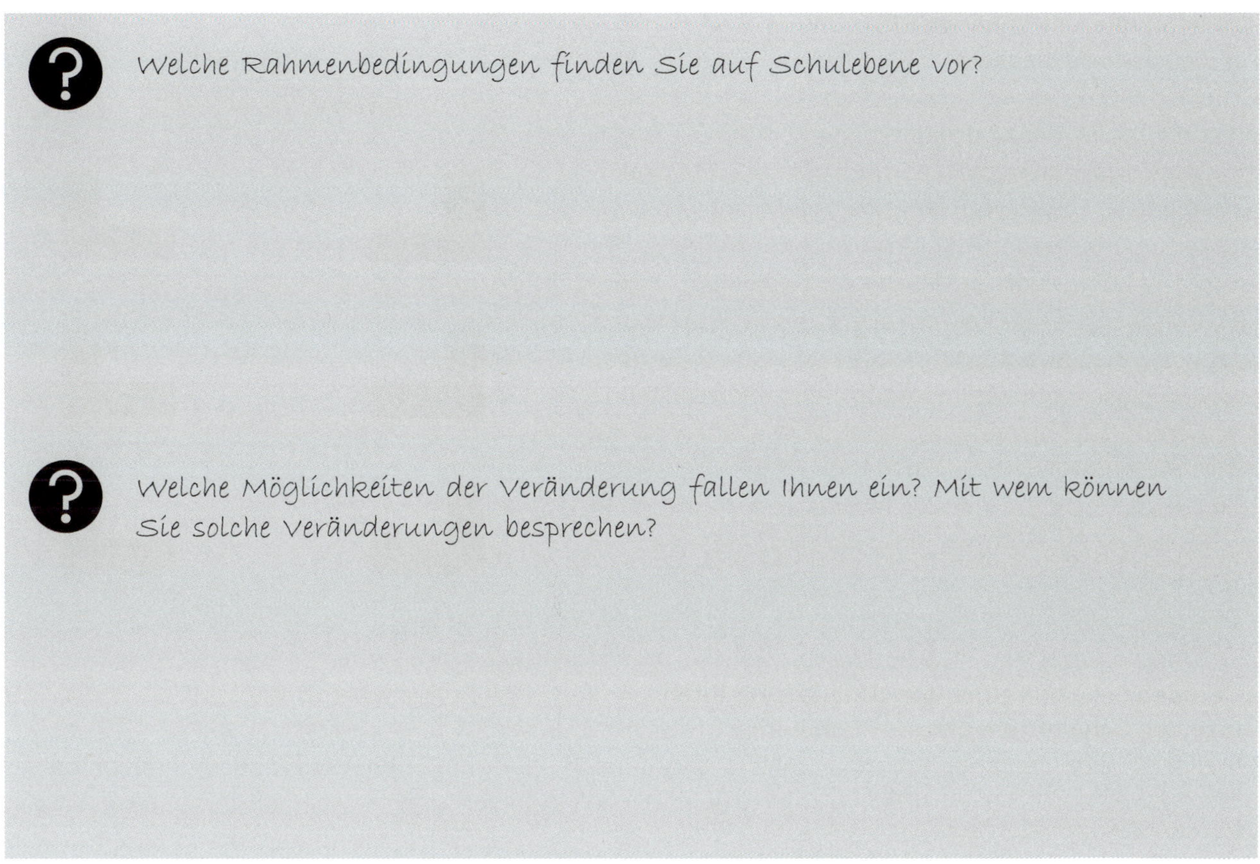

Mit Sicherheit können Sie nicht alleine bspw. über die Einführung eines Trainingsraumes entscheiden. Ebenso wenig können Sie einen Personalmangel beheben. Sie haben jedoch die Möglichkeit, diese Dinge im Kollegium zu diskutieren und sich für Veränderungen stark zu machen. So erweitert zum Beispiel der Trainingsraum Ihren Handlungsspielraum sowie den des gesamten Kollegiums. Er bietet die Möglichkeit zur Unterbrechung von ausgeprägtem Problemverhalten und sorgt dafür, dass Sie Ihren Unterricht in Ruhe fortführen können.

Teil 2: Schulische Rahmenbedingungen verändern – die Klassenebene

Möglichkeiten, Veränderungen auf *Klassenebene* herzustellen, sind die Umstrukturierungen der räumlichen Umgebung und der zeitlichen Abläufe. Insbesondere Schüler/Schülerinnen mit Aufmerksamkeits-, Konzentrations- und Selbststeuerungsproblemen benötigen eine möglichst ablenkungsfreie und übersichtliche Lernumgebung. Generell hilft dies jedoch allen Schülern und Schülerinnen, sich besser zurechtzufinden, und erleichtert ihnen die Selbststeuerung. Eine räumlich und zeitlich gut strukturierte Lernumgebung ist sinnvoll, weil ...

- sich alle Schüler/Schülerinnen dadurch besser im Raum zurechtfinden,
- die Schüler/Schülerinnen weniger Fragen stellen müssen,
- die Schüler/Schülerinnen wissen, in welcher Phase des Unterrichts sie sich befinden.

Auf folgende Aspekte sollten Sie bei der Strukturierung der Lernumgebung achten:

1. Finden Sie eine günstige Sitzordnung für die gesamte Klasse.
Grundsätzlich ist es wichtig, dass das Klassenzimmer so eingerichtet ist, dass Sie die Schüler und Schülerinnen zu jeder Zeit gut im Blick haben, um unnötige Störungen vermeiden zu können. Ein wichtiger Punkt ist hierbei die Gestaltung der Sitzordnung der gesamten Klasse. So sollte die Anordnung der Tische der jeweiligen Unterrichtsform angepasst sein. Da sich U-Form oder Reihen besonders eignen, wenn die Klasse als Ganzes unterrichtet wird, diese Form der Anordnung jedoch für kooperative Lernphasen ungeeignet ist, schlagen wir Ihnen als Alternative die Sitzordnung in Abbildung 6 vor. Diese hat den Vorteil, dass Sie sowohl „frontal" unterrichten als auch ohne größeren Aufwand Tische zu Gruppentischen zusammenschieben können.

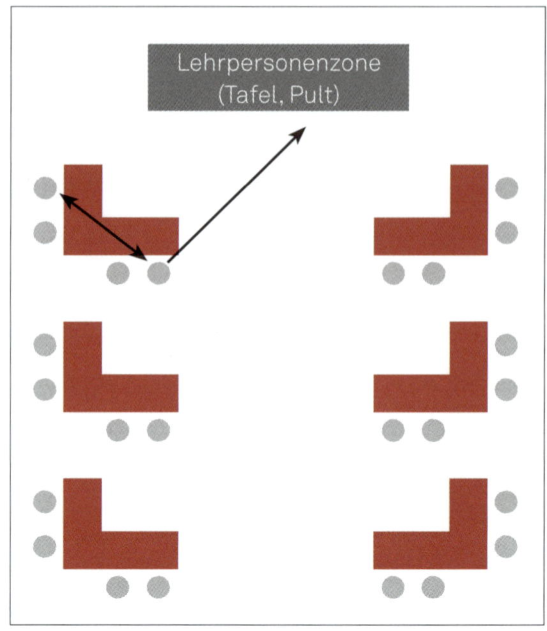

Abbildung 6:
Vorgeschlagene Sitzordnung

2. Finden Sie einen günstigen Sitzplatz für Ihren einzelnen Schüler/Ihre einzelne Schülerin.
Schüler/Schülerinnen mit Aufmerksamkeits-, Konzentrations- und Selbststeuerungsproblemen haben oft Schwierigkeiten, für eine längere Zeit bei einer Sache zu bleiben, und sind schnell von anderen Dingen abgelenkt. Sie können diese Schüler/Schülerinnen mit verschiedenen Maßnahmen unterstützen:

- Wählen Sie für Ihren Schüler/Ihre Schülerin eher einen festen Einzelsitzplatz statt eines Gruppentischs.
- Treffen Sie mit Ihrem Schüler/Ihrer Schülerin die Absprache, dass er/sie in bestimmten Phasen (z.B. während der Stillarbeit) einen festgelegten Einzelplatz aufsucht.
- Setzen Sie Ihren Schüler/Ihre Schülerin möglichst in Ihre Nähe (zum Monitoring und zur Vereinfachung der zeitnahen Verstärkung von positivem Verhalten).
- Setzen Sie unauffällige Schüler/Schülerinnen mit Vorbildfunktion neben Schüler/Schülerinnen mit Problemverhalten (Modelllernen).
- Wählen Sie für Ihren Schüler/Ihre Schülerin einen möglichst reizarmen Sitzplatz, d.h. nicht in der Nähe von Durchgängen oder ablenkenden Reizen (Bücherregalen, Postern etc.).
- Nutzen Sie Ohrenstöpsel oder Kopfhörer zur Ausschaltung akustischer Störgeräusche in Stillarbeitsphasen.
- Schalten Sie visuelle Störfaktoren in Stillarbeitsphasen aus, z.B. durch einen Arbeitsplatz mit Sichtschutz (der jedoch von der Lehrperson einsehbar ist) oder das Aufsetzen einer Schirmmütze.

3. Versuchen Sie, Übergänge aktiv zu gestalten.
Übergänge, wie z.B. Lehrpersonenwechsel oder Umgebungsänderungen (wie der Wechsel von Unterricht zu Pausen und vom Unterricht zum Offenen Ganztag), sowie neue Situationen oder Abweichungen von bekannten Alltagsroutinen stellen für Schüler/Schülerinnen mit Aufmerksamkeits-, Konzentrations- und Selbststeuerungsproblemen besondere Herausforderungen dar. Grund dafür ist häufig das Fehlen klarer Strukturen und Handlungsanleitungen in diesen Phasen, welches schnell zu Überforderung führt. Diese zeigt sich nicht selten in unkontrollierten, oft regelüberschreitenden Verhaltensweisen, die von außen nur noch schwer gesteuert werden können. Eine vorausschauende Gestaltung von Übergängen und neuen Situationen erweist sich häufig als hilfreiche Maßnahme, um problematischen Verhaltensweisen betroffener Schüler/Schülerinnen vorzubeugen. Achten Sie hierbei auf folgende Punkte:

- Kündigen Sie Abweichungen oder Wechsel von bestehenden Routinen an und erklären Sie diese (z.B. Änderung der Sitzordnung, Vertretungsstunden, Ausflüge); bieten Sie bei Bedarf auch Unterstützung, um Ängsten und verweigerndem Verhalten vorzubeugen.

- Machen Sie Ihrem Schüler/Ihrer Schülerin deutlich, welche Verhaltensweisen in der neuen Situation von ihm/ihr erwartet werden.
- Vereinbaren Sie Signale, welche den Schüler/die Schülerin unmittelbar vor dem Übergang/der neuen Situation an das von ihm/ihr erwartete Verhalten erinnern (z. B. Gong schlagen, Hand auf die Schulter legen).
- Bleiben Sie bei jüngeren Schülern/Schülerinnen in der Nähe, beobachten Sie sie, geben Sie ggf. körperliche Unterstützung (z. B. durch an die Hand Nehmen).
- Beziehen Sie Kollegen/Kolleginnen in Übergangssituationen, an denen mehrere Lehrpersonen beteiligt sind (z. B. Wechsel zum Fachunterricht), in Absprachen ein.
- Geben Sie Ihrem Schüler/Ihrer Schülerin in unterrichtsfreien Zeiten (z. B. Pausen), falls möglich, klare Handlungsanweisungen.

4. Gestalten Sie Arbeitsabläufe strukturiert.

Eine strukturierte Gestaltung von Arbeitsabläufen im Unterricht ist eine wichtige Voraussetzung auf Klassenebene, um Störungen vorzubeugen und insbesondere Schülern/Schülerinnen mit Aufmerksamkeits-, Konzentrations- und Selbststeuerungsproblemen optimale Bedingungen für die Aneignung von neuen Lerninhalten zu bieten. Die Schüler/Schülerinnen sollten wissen, was sie während des Schultages und in der aktuellen Unterrichtsstunde erwartet. Während des Unterrichts sollte ihnen klar sein, in welcher Arbeitsphase sie sich befinden und welche Aufgabe sie zu erledigen haben. Sie sollten wissen, was zu tun ist, wenn eine Aufgabe abgeschlossen ist, wenn sie Hilfe benötigen oder eine Frage haben. Beim Teamteaching sollte die Rollenverteilung zwischen den Lehrpersonen für die Klasse transparent sein und es sollte deutlich gemacht werden, wer aktuell für Anliegen und Fragen der Schüler und Schülerinnen zur Verfügung steht. Folgende Punkte können helfen, das Lernen im schulischen Alltag zu erleichtern:
- Visualisieren Sie die Tagesstruktur und den Ablauf der Unterrichtsstunde mittels Piktogrammen etc. und besprechen Sie diese vorab mit der Klasse, sodass die Schüler/Schülerinnen wissen, was sie wann erwartet.
- Nutzen Sie zur zeitlichen Strukturierung von Arbeitsphasen eine gut sichtbare Wanduhr, einen Time-Timer oder eine Sanduhr, sodass die Schüler/Schülerinnen wissen, wie lange an welcher Aufgabe gearbeitet wird.
- Unterteilen Sie Arbeitsaufträge in Einzelschritte und visualisieren Sie diese (bildlich), sodass die Schüler/Schülerinnen wissen, was zu tun ist.

5. Helfen Sie Schülern/Schülerinnen bei der individuellen Strukturierung von Arbeitsabläufen.

Insbesondere Schüler/Schülerinnen mit Aufmerksamkeits-, Konzentrations- und Selbststeuerungsproblemen haben häufig Schwierigkeiten, sich bei der Erledigung von Arbeitsaufträgen selbst zu strukturieren. Sie benötigen oft lange, bis sie mit einer Aufgabe beginnen, haben verglichen mit ihren Mitschülern und Mitschülerinnen ein geringeres Durchhaltevermögen und sind leicht ablenkbar. Daher schaffen sie es häufig nicht, einen Arbeitsauftrag in der dafür vorgesehenen Zeit zu Ende zu bringen. Durch eine zusätzliche individuelle Strukturierung von Arbeitsaufträgen kann die Lehrperson betroffene Schüler/Schülerinnen dabei unterstützen, effektiver zu arbeiten. Dies stellt aber auch für andere Schüler und Schülerinnen eine Hilfe dar. Sie können einzelne Schüler/Schülerinnen bei der Strukturierung von Arbeitsabläufen unterstützen, indem Sie Folgendes beachten:
- Markieren Sie die zu bearbeitenden Aufgaben.
- Vereinbaren Sie mit Ihrem Schüler/Ihrer Schülerin, in welcher Zeit diese Aufgaben erledigt werden sollen.
- Setzen Sie zur zeitlichen Strukturierung Eieruhr/Sanduhr/Timer ein.
- Überprüfen Sie die erledigten Aufgaben.

Arbeitsblatt 6 — Baustein 3

Lernumgebung und Arbeitsmaterial

	Setze ich bereits um ✓	Erleben Sie das als hilfreich?
Strukturierung des Klassenraums		
Klassenzimmer kindgerecht gestalten, ohne es mit visuellen Reizen zu überfrachten: nicht zu viele Plakate, Stofftiere, Pflanzen o. Ä.		ja ◯ nein ◯
Fensterbänke und Durchgänge möglichst frei halten.		ja ◯ nein ◯
Taschen/Schulranzen an geeigneter Stelle platzieren, um enge Wege zu vermeiden.		ja ◯ nein ◯
Jeder Schüler/jede Schülerin hat eine Kiste/Korb, in der/dem er/sie Arbeitsmaterialien lagert, die er/sie nicht immer benötigt und/oder in der Schule lässt.		ja ◯ nein ◯
Schülern/Schülerinnen zugängliche Materialien liegen geordnet in bestimmten Schrank- oder Regalfächern. Diese sind mit Bildchen oder schriftlich gekennzeichnet.		ja ◯ nein ◯
Mappe/Fach, in der/dem erledigte Aufgaben abgelegt werden können (Fertig-Box).		ja ◯ nein ◯
Gut geordnetes Lehrpersonenpult (Vorbildfunktion, Modelllernen).		ja ◯ nein ◯
Fester Sitzplatz (häufiges Umräumen und Änderungen der Sitzordnung werden vermieden).		ja ◯ nein ◯
Strukturierung des einzelnen Sitzplatzes		
Nur benötigte Materialien liegen auf dem Tisch (keine Spielsachen, fachfremde Bücher etc.).		ja ◯ nein ◯
Schüler/Schülerinnen anleiten, nach jeder Stunde den Arbeitsplatz aufzuräumen (unterstützend: Aufräummusik, Wettbewerb gegen die Zeit, Verstärker für Tischgruppen).		ja ◯ nein ◯
Ablage- und Arbeitsflächen auf dem Tisch durch Klebestreifen kenntlich machen (z. B. „Mäppchenparkplatz").		ja ◯ nein ◯
Gestaltung der Arbeitsmaterialien		
Einzelaufträge statt Mehrfachaufträge (z. B. Arbeitsblätter zerschneiden).		ja ◯ nein ◯
Aufgabenstellungen knapp und möglichst prägnant formulieren (wenig Text).		ja ◯ nein ◯
Schlüsselwörter fett oder farbig drucken.		ja ◯ nein ◯

Abbildung 7:
Lernumgebung und Arbeitsmaterial (Arbeitsblatt 6)

Gehen Sie *Arbeitsblatt 6: Lernumgebung und Arbeitsmaterial* (siehe Abbildung 7) durch und markieren Sie, welche der Strategien Sie im Unterricht bereits umsetzen. Notieren Sie ebenfalls, ob Sie diese als hilfreich erleben. Mit Sicherheit sind Ihnen einige Dinge schon bekannt; es ist jedoch immer sinnvoll, die Anwendung der einzelnen Strategien zu überprüfen oder sich wieder ins Gedächtnis zu rufen. Überlegen Sie nun, welche der beschriebenen Vorschläge, die Sie noch nicht umsetzen, für Ihren Schüler/Ihre Schülerin oder aber auch für die ganze Klasse hilfreich sein könnten, und probieren Sie diese aus.

Teil 3:
Stärken Sie die Beziehung zu Ihrem Schüler/Ihrer Schülerin!

Ein erster Schritt, den Teufelskreis zu durchbrechen, besteht darin, sich wieder verstärkt auf die positiven Eigenschaften und Stärken Ihres Schülers/Ihrer Schülerin zu konzentrieren. Sicherlich gibt es neben den vielen bestehenden Problemen immer noch Dinge, die Sie an Ihrem Schüler/Ihrer Schülerin mögen und die er/sie gut macht. Wichtig ist, dass es nicht darum geht, vorhandene Probleme schönzureden. Vielmehr wollen wir Ihnen einige Vorschläge machen, die Ihnen helfen können, eine möglicherweise negative Sichtweise, in die man bei Schülern/Schülerinnen mit Problemverhalten schnell hineinrutschen kann, ein wenig zu korrigieren.

Es ist häufig hilfreich, sich die positiven Eigenschaften Ihres Schülers/Ihrer Schülerin und die schönen Erlebnisse mit ihm/ihr vermehrt zu vergegenwärtigen und ihm/ihr dies auch zurückzumelden, auch wenn sich mit diesen Maßnahmen sicher nicht alle Probleme lösen lassen. Nach unseren Erfahrungen leisten sie aber einen wichtigen Beitrag zur Verbesserung der Stimmung und der Beziehung zwischen Ihnen und Ihrem Schüler/Ihrer Schülerin. Zudem bilden sie die Grundlage dafür, dass sich Spannungen und festgefahrene Verhaltensmuster langsam wieder auflösen können.

Würden Sie die Beziehung zu Ihrem Schüler/Ihrer Schülerin als belastet beschreiben?

Der Aufbau und das Aufrechterhalten einer positiven Beziehung zu dem Schüler/der Schülerin sind wichtig, weil

- eine positive Beziehung eine wichtige Grundlage für Veränderung ist,
- der Schüler/die Schülerin eher bereit ist, Ihr Verhalten ihm/ihr gegenüber positiv zu bewerten, und dann auch eher bereit ist, Kritik anzunehmen und sein/ihr eigenes Verhalten zu verändern,
- Sie eher bereit sind, das störende Verhalten des Schülers/der Schülerin als ungünstige Lösung der Situation und nicht als persönlichen Angriff auf Sie selbst einzuschätzen,
- die Integration des Schülers/der Schülerin in die Klasse gefördert wird,
- durch eine positive Beziehung Ihre positiven Rückmeldungen wesentlich verstärkender und damit wirkungsvoller sind und Ihre Anerkennung dem Schüler/der Schülerin vermittelt, dass er/sie als Person wertgeschätzt wird.

Die folgenden Punkte können Ihnen helfen, eine gute Beziehung zu Ihrem Schüler/Ihrer Schülerin aufzubauen und aufrechtzuerhalten. Sicherlich werden Ihnen einige dieser Empfehlungen sehr vertraut sein. Wir möchten Sie dennoch bitten, sich die einzelnen Hinweise noch einmal anzusehen und Ihr eigenes Verhalten diesbezüglich zu reflektieren.

1. Achten Sie besonders auf das, was Ihnen an Ihrem Schüler/Ihrer Schülerin gefällt.

Überlegen Sie, in welchen Situationen Sie mit Ihrem Schüler/Ihrer Schülerin zufrieden sind und wann Sie sich über Ihren Schüler/Ihre Schülerin freuen. Was kann Ihr Schüler/Ihre Schülerin gut? Beachten Sie auch Eigenschaften, Stärken und Interessen Ihres Schülers/Ihrer Schülerin, die Ihnen gefallen, wie:

- ist sehr fantasievoll,
- ist sportlich,
- kann sich gut ausdrücken,
- hat einen großen Gerechtigkeitssinn.

? Was gefällt Ihnen an Ihrem Schüler/Ihrer Schülerin? Bitte hier sammeln:

1.

2.

3.

4.

2. Beachten Sie auch Kleinigkeiten und „Selbstverständlichkeiten".
Machen Sie sich einmal Gedanken darüber, was im Schulalltag mit Ihrem Schüler/Ihrer Schülerin gut läuft. Denken Sie dabei besonders auch an Kleinigkeiten und an Dinge, die für andere Schüler und Schülerinnen eigentlich selbstverständlich sind, für diesen einen Schüler/diese eine Schülerin jedoch einer besonderen Anstrengung bedürfen, z. B.

- räumt seinen/ihren Schulranzen an den dafür vorgesehenen Platz,
- heftet sein/ihr Arbeitsblatt ab,
- denkt daran, den Stuhl hochzustellen.

? Welche Kleinigkeiten liefen mit Ihrem Schüler/Ihrer Schülerin in den letzten Tagen gut? Bitte hier sammeln:

1.

2.

3.

4.

3. Achten Sie besonders auf Situationen, die Sie mit Ihrem Schüler/Ihrer Schülerin als angenehm erleben.
Überlegen Sie einmal, welche Situationen Sie mit Ihrem Schüler/Ihrer Schülerin als angenehm erleben. Bemühen Sie sich, diese Situationen verstärkt wahrzunehmen und in Ihren Fokus zu rücken.

Dies können Situationen sein wie:

- wenn ich dem Schüler/der Schülerin etwas erkläre,
- wenn ich Zeit mit dem Schüler/der Schülerin allein habe,
- bei gemeinsamen Ausflügen.

Welche gemeinsamen angenehmen Situationen mit Ihrem Schüler/Ihrer Schülerin in den letzten beiden Wochen fallen Ihnen ein? Bitte hier sammeln:

1.

2.

3.

4.

4. Achten Sie darauf, wenn üblicherweise schwierige Situationen besser laufen als sonst.

Wenn eine Situation, in der es häufig Schwierigkeiten gibt, z. B. der Übergang von der Klasse zur Turnhalle, einmal besser klappt, beachten Lehrkräfte dies manchmal nicht oder denken sich eher kritisch: „Warum nicht immer so?“ Vermutlich fällt es ihnen dann schwer, zu realisieren, dass die Bewältigung dieser Situation für diesen Schüler/diese Schülerin besonderer Anstrengung bedarf. Dieses Verhalten der Lehrkraft erlebt der Schüler/die Schülerin jedoch eher als Tadel. Einerseits sagt seine/ihre Lehrkraft ihm/ihr zwar, dass er/sie diesmal etwas gut gemacht hat, gleichzeitig schwingt jedoch die Kritik mit, dass die Situation ansonsten weniger gut gelingt.

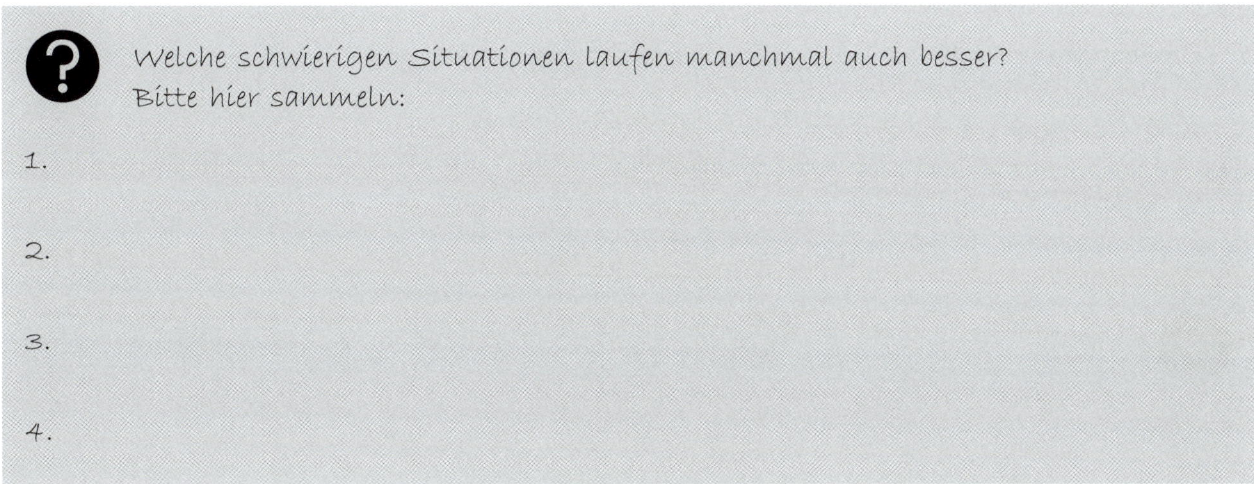

Deshalb ist es wichtig, dass Sie als Pädagogin/Pädagoge bewusst auf Situationen achten, die auch manchmal weniger problematisch ablaufen. Manchmal haben Lehrpersonen den Eindruck, dass ihr Schüler/ihre Schülerin ein bestimmtes problematisches Verhalten immer zeigt. Allerdings trifft dies nur in den seltensten Fällen zu. In der Regel wird es immer wieder vorkommen, dass eine schwierige Situation auch einmal besser abläuft, z. B. dass Ihr Schüler/Ihre Schülerin mit der Stillarbeit schneller beginnt als sonst. Besonders bei einem Schüler/einer Schülerin mit Aufmerksamkeits-, Konzentrations- und Selbststeuerungsproblemen ist das nicht selbstverständlich! Es ist daher sehr gut, wenn Sie es so oft wie möglich schaffen, das weniger problematische oder unproblematische Verhalten Ihres Schülers/Ihrer Schülerin wahrzunehmen und anzuerkennen.

5. Zeigen Sie Ihrem Schüler/Ihrer Schülerin, wenn Sie etwas gut finden.
Insbesondere, wenn es häufiger Probleme mit Ihrem Schüler/Ihrer Schülerin gibt, ist es wichtig, dass Sie ihm/ihr zeigen, was Sie gut an ihm/ihr finden. Das bedeutet nicht, dass Sie bei jeder Kleinigkeit in „Lobgesänge" ausbrechen müssen. Es genügt, wenn Sie ihn/sie anlächeln oder einfach „Gut" oder „Schön" sagen. Verständlicherweise teilen Sie Ihrem Schüler/Ihrer Schülerin auch mit, was Sie nicht so gut an seinem/ihrem Verhalten finden. Daher hat er/sie auch ein Recht, zu erfahren, was Ihnen an ihm/ihr gefällt!

? Wie können Sie Ihrem Schüler/Ihrer Schülerin zeigen, dass Sie etwas gut finden? Bitte hier sammeln:

1.

2.

3.

4.

6. Schreiben Sie am Ende des Schultages auf, was gut gelaufen ist.
Nehmen Sie sich am Ende des Schultages fünf Minuten Zeit und gehen Sie den Tag noch einmal in Gedanken durch. Überlegen Sie, was an diesem Tag mit Ihrem Schüler/Ihrer Schülerin gut oder besser als üblich gelaufen ist oder worüber Sie sich gefreut haben. Tragen Sie diese Ereignisse und Ihre Reaktionen in das *Positiv-Tagebuch* (Memokarte 1; siehe Abbildung 8) ein.

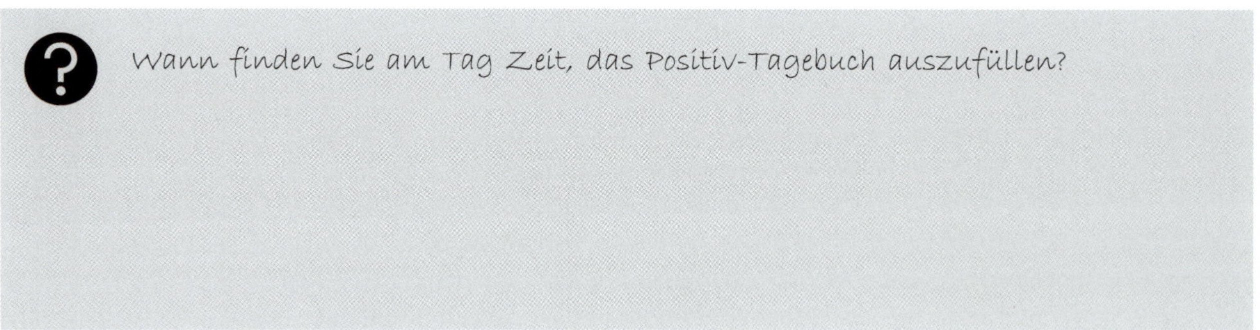

7. Sprechen Sie mit Ihrem Schüler/Ihrer Schülerin über die positiven Ereignisse des Tages.
Es ist wichtig, dass Sie nicht nur für sich überlegen, welche positiven Ereignisse es an einem Tag gab, sondern dass Sie Ihrem Schüler/Ihrer Schülerin diese Überlegungen auch mitteilen. Günstig ist es, wenn Sie sich dafür am Ende des Schultages oder am nächsten Tag einige Minuten Zeit nehmen. Bei diesem Gespräch ist es von besonderer Bedeutung, dass Sie nicht zunächst die negativen Ereignisse des Tages aufzählen oder diese mit den positiven Erlebnissen aufrechnen. Wenn es Probleme gab, können Sie kurz in

Memokarte 1 Baustein 3

Was mögen Sie an Ihrem Schüler/Ihrer Schülerin?

1. Achten Sie besonders auf das, was Ihnen an Ihrem Schüler/ Ihrer Schülerin gefällt.

   Lukas erzählt gerne von seinen Erlebnissen, ist sehr fantasievoll und kann sich gut für andere Kinder einsetzen.

2. Beachten Sie auch Kleinigkeiten und „Selbstverständlichkeiten":

   Er begrüßt mich oft freundlich, wenn wir uns auf dem Schulhof sehen, und hilft oft beim Aufräumen der Arbeitsmaterialien.

3. Achten Sie besonders auf Situationen, die Sie mit Ihrem Schüler/Ihrer Schülerin als angenehm erleben.

   Wenn ich die Zeit finde, ihm alleine in Ruhe etwas zu erklären.

4. Achten Sie darauf, wenn üblicherweise schwierige Situationen besser laufen als sonst.

   Lukas denkt an manchen Tagen selbst daran, seine Arbeitsblätter abzuheften.

5. Zeigen Sie Ihrem Schüler/Ihrer Schülerin, wenn Sie etwas gut finden.
6. Schreiben Sie am Ende des Schultages in das Positiv-Tagebuch auf der nächsten Seite, was gut gelaufen ist.
7. Sprechen Sie mit Ihrem Schüler/Ihrer Schülerin über die positiven Ereignisse des Tages.
8. Erwarten Sie keine Wunder.

Bemerkungen:

Memokarte 1 Baustein 3

Positiv-Tagebuch

Notieren Sie bitte täglich in den nächsten zwei Wochen, was mit dem Schüler/der Schülerin gut gelaufen ist und worüber Sie sich gefreut haben. Denken Sie dabei bitte auch an Kleinigkeiten und „Selbstverständliches".

Nehmen Sie sich etwas Zeit und besprechen Sie diese positiven Erlebnisse mit dem Schüler/der Schülerin zu einem günstigen Zeitpunkt am Ende des Schultages oder am nächsten Tag.

Datum	Was lief gut?	Wie habe ich reagiert?
03.07.	*Lukas hat nach einmaliger Aufforderung seine Fußballkarten vom Tisch geräumt.*	*Ich habe ihn gelobt.*
05.07.	*Lukas hat direkt nach dem Austeilen der Arbeitsblätter mit seinen Aufgaben begonnen.*	*Ich war mit einer anderen Schülerin beschäftigt und bin nicht weiter darauf eingegangen.*
06.07.	*Lukas hat ruhig und aufmerksam zugehört, als ein Mitschüler eine Geschichte vorgelesen hat.*	*Ich habe ihm nach der Stunde gesagt, dass ich mich darüber gefreut habe.*

Abbildung 8:
Was mögen Sie an Ihrem Schüler/Ihrer Schülerin? und *Positiv-Tagebuch* (Memokarte 1)

einem Satz sagen, dass ja manches nicht so gut gelaufen ist. Gehen Sie aber dann ausführlich auf die positiven Ereignisse ein. Lassen Sie dieses kleine Gespräch lieber ganz ausfallen, wenn Sie einmal den Eindruck haben, dass Sie zu ärgerlich sind, um Ihrem Schüler/Ihrer Schülerin eine positive Rückmeldung zu geben. Bemühen Sie sich darum, ein solches Gespräch immer in einer entspannten Atmosphäre stattfinden zu lassen.

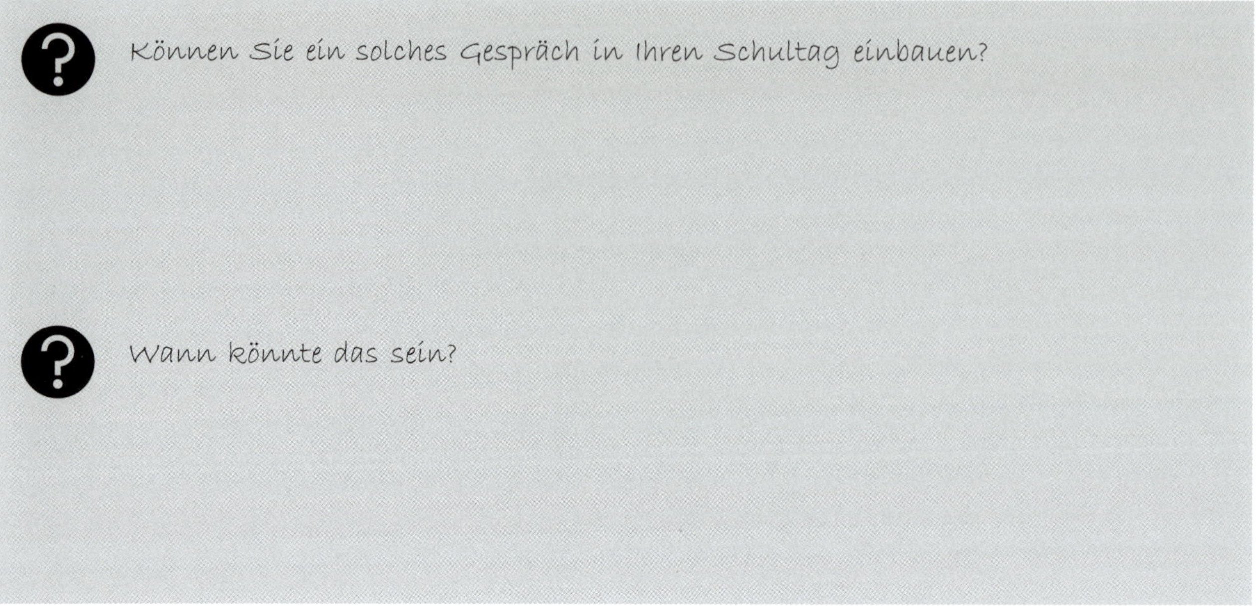

8. Erwarten Sie keine Wunder!

Die bisher genannten Punkte können helfen, die Stimmung zwischen Ihnen und Ihrem Schüler/Ihrer Schülerin zu verbessern bzw. eine positive Beziehung zu Ihrem Schüler/Ihrer Schülerin zu fördern und aufrechtzuerhalten. Vielleicht wird es Ihnen möglich sein, manche Dinge schon in einem anderen Licht zu sehen, und manchmal vermindern sich die Probleme auch ein wenig. Erwarten Sie aber keine starke Verringerung der Verhaltensprobleme Ihres Schülers/Ihrer Schülerin durch diese Änderungen. Die in diesem Baustein besprochenen Techniken sind aber dennoch sehr wichtig, da eine positive Beziehungsgestaltung zu Ihrem Schüler/Ihrer Schülerin eine wichtige und notwendige Grundlage für spätere Maßnahmen bildet. Manchmal fällt es den Schülern/Schülerinnen schwer, Lob und Zuwendung anzunehmen. Allerdings freuen sich die meisten Kinder über ein Lob, selbst wenn sie es zunächst nicht ausdrücken können. Lassen Sie sich nicht entmutigen und loben Sie Ihren Schüler/Ihre Schülerin auch dann weiterhin, wenn er/sie sich nicht offen darüber freut.

Arbeitsblatt 6 Baustein 3

Lernumgebung und Arbeitsmaterial

	Setze ich bereits um ✓	Erleben Sie das als hilfreich?
Strukturierung des Klassenraums		
Klassenzimmer kindgerecht gestalten, ohne es mit visuellen Reizen zu überfrachten: nicht zu viele Plakate, Stofftiere, Pflanzen o. Ä.		ja ◯ nein ◯
Fensterbänke und Durchgänge möglichst frei halten.		ja ◯ nein ◯
Taschen/Schulranzen an geeigneter Stelle platzieren, um enge Wege zu vermeiden.		ja ◯ nein ◯
Jeder Schüler/jede Schülerin hat eine Kiste/Korb, in der/dem er/sie Arbeitsmaterialien lagert, die er/sie nicht immer benötigt und/oder in der Schule lässt.		ja ◯ nein ◯
Schülern/Schülerinnen zugängliche Materialien liegen geordnet in bestimmten Schrank- oder Regalfächern. Diese sind mit Bildchen oder schriftlich gekennzeichnet.		ja ◯ nein ◯
Mappe/Fach, in der/dem erledigte Aufgaben abgelegt werden können (Fertig-Box).		ja ◯ nein ◯
Gut geordnetes Lehrpersonenpult (Vorbildfunktion, Modelllernen).		ja ◯ nein ◯
Fester Sitzplatz (häufiges Umräumen und Änderungen der Sitzordnung werden vermieden).		ja ◯ nein ◯
Strukturierung des einzelnen Sitzplatzes		
Nur benötigte Materialien liegen auf dem Tisch (keine Spielsachen, fachfremde Bücher etc.).		ja ◯ nein ◯
Schüler/Schülerinnen anleiten, nach jeder Stunde den Arbeitsplatz aufzuräumen (unterstützend: Aufräummusik, Wettbewerb gegen die Zeit, Verstärker für Tischgruppen).		ja ◯ nein ◯
Ablage- und Arbeitsflächen auf dem Tisch durch Klebestreifen kenntlich machen (z. B. „Mäppchenparkplatz").		ja ◯ nein ◯
Gestaltung der Arbeitsmaterialien		
Einzelaufträge statt Mehrfachaufträge (z. B. Arbeitsblätter zerschneiden).		ja ◯ nein ◯
Aufgabenstellungen knapp und möglichst prägnant formulieren (wenig Text).		ja ◯ nein ◯
Schlüsselwörter fett oder farbig drucken.		ja ◯ nein ◯

Memokarte 1 — Baustein 3

Was mögen Sie an Ihrem Schüler/Ihrer Schülerin?

1. Achten Sie besonders auf das, was Ihnen an Ihrem Schüler/Ihrer Schülerin gefällt.

2. Beachten Sie auch Kleinigkeiten und „Selbstverständlichkeiten“:

3. Achten Sie besonders auf Situationen, die Sie mit Ihrem Schüler/Ihrer Schülerin als angenehm erleben.

4. Achten Sie darauf, wenn üblicherweise schwierige Situationen besser laufen als sonst.

5. Zeigen Sie Ihrem Schüler/Ihrer Schülerin, wenn Sie etwas gut finden.
6. Schreiben Sie am Ende des Schultages in das Positiv-Tagebuch auf der nächsten Seite, was gut gelaufen ist.
7. Sprechen Sie mit Ihrem Schüler/Ihrer Schülerin über die positiven Ereignisse des Tages.
8. Erwarten Sie keine Wunder.

Bemerkungen:

Memokarte 1 — Baustein 3

Positiv-Tagebuch

Notieren Sie bitte täglich in den nächsten zwei Wochen, was mit dem Schüler/der Schülerin gut gelaufen ist und worüber Sie sich gefreut haben. Denken Sie dabei bitte auch an Kleinigkeiten und „Selbstverständliches“.

Nehmen Sie sich etwas Zeit und besprechen Sie diese positiven Erlebnisse mit dem Schüler/der Schülerin zu einem günstigen Zeitpunkt am Ende des Schultages oder am nächsten Tag.

Datum	Was lief gut?	Wie habe ich reagiert?

Baustein 4

Holen Sie die Eltern ins Boot!

Materialien zum Baustein 4
Arbeitsblatt 7: Protokoll Elterngespräch

→ Sie finden die Materialien am Ende des Bausteins (s. Seite 77) und als PDF-Download (s. Seite 153).

Kennen Sie das?

Neben vielen anderen Eltern hat die Lehrerin auch Lukas' Eltern zum Elternsprechtag einbestellt, um mit ihnen über die Verhaltensprobleme ihres Sohnes zu sprechen. Schon vor dem Gespräch ist sie ganz geschafft vom anstrengenden Nachmittag mit vielen eng getakteten und teils problematischen Gesprächen. Mit Lukas' Mutter steht die Lehrerin in regelmäßigem Austausch und weiß von ihr, dass Lukas auch zu Hause einige Verhaltensprobleme hat. Lukas' Vater hingegen ist der Meinung, dass Lukas keine Schwierigkeiten hat, sondern in der Schule nur falsch behandelt wird. Als die Lehrerin vorsichtig Lukas' Verhaltensprobleme anspricht, reagiert er sehr aufbrausend und wütend: Er kenne solche Schwierigkeiten von seinem Sohn nicht, die Lehrerin könne ihn wohl einfach nicht leiden und wolle ihn sicherlich am liebsten loswerden! Lukas' Mutter scheint mit der Situation überfordert und beginnt zu weinen. Und auch Lukas' Lehrerin fühlt sich erschöpft und weiß nicht weiter, möchte doch auch sie nur das Beste für Lukas und gemeinsam mit seinen Eltern daran arbeiten, dass er auf einen guten Weg kommt.

Was wollen wir mit diesem Baustein erreichen?

Liebe Pädagoginnen und Pädagogen,

im letzten Baustein haben wir mit Ihnen überlegt, wie Sie schulische Rahmenbedingungen verändern sowie die Beziehung zu Ihrem Schüler/Ihrer Schülerin stärken können, um wichtige Voraussetzungen für Verhaltensänderungen bei Ihrem Schüler/Ihrer Schülerin zu schaffen. Im Rahmen des Bedingungsmodells, das wir in Baustein 2 besprochen haben, haben Sie sich zusätzlich bereits über äußere bzw. erweiterte Rahmenbedingungen, die einen Einfluss auf das Verhalten Ihres Schülers/Ihrer Schülerin haben könnten, Gedanken gemacht (z. B. Familie, Hilfesysteme). In diesem Baustein wollen wir nun mit Ihnen Ansatzpunkte für eine konstruktive Zusammenarbeit mit Eltern herausarbeiten, um möglicherweise einen Einfluss auf die erweiterten Rahmenbedingungen zu nehmen.

Wie Sie wissen, sind laut Grundgesetz Eltern und Schule für die Bildung ihres Kindes bzw. ihrer Schüler und Schülerinnen verantwortlich. Insbesondere für den schulischen Erfolg von Schülern/Schülerinnen mit Aufmerksamkeits-, Konzentrations- und Selbststeuerungsproblemen ist die enge Zusammenarbeit zwischen Eltern und Schule zentral. Des Weiteren hat sich die Kombination von Interventionen in unterschiedlichen Bereichen bei der Behandlung von Schülern/Schülerinnen mit ADHS als effektiv erwiesen. All diese Punkte zusammen legen nahe, dass eine gute Kooperation zwischen Eltern und Lehrkräften dazu beitragen kann, Problemverhalten effektiver zu reduzieren und Schüler/Schülerinnen auf diesem Wege optimal zu fördern!

Der Fokus dieses Bausteins liegt auf dem Elterngespräch, da ein gelungenes Elterngespräch die Voraussetzung für eine gute Zusammenarbeit darstellt. Im ersten Teil dieses Bausteins wollen wir Ihnen zunächst einige „Elterntypen“ vorstellen, die Ihnen möglicherweise bei Ihrer Arbeit begegnen. Dies soll Ihnen dabei helfen, mögliche Reaktionen der Eltern besser einordnen zu können. Im zweiten Teil des Bausteins wollen wir Sie über mögliche „externe Hilfen“, die Sie den Eltern empfehlen können, sowie über die gesetzlichen Grundlagen einiger dieser Hilfen informieren. Im dritten Teil des Bausteins möchten wir Ihnen schließlich einige konkrete Hilfestellungen für die Durchführung von Elterngesprächen in Form eines Leitfadens an die Hand geben. Einige der genannten Punkte werden Ihnen vermutlich wieder bereits bekannt vorkommen; dennoch kann es sinnvoll sein, sich noch einmal mit den einzelnen Empfehlungen auseinanderzusetzen.

Welche Erfahrungen haben Sie bereits in der Zusammenarbeit mit den Eltern Ihres Schülers/Ihrer Schülerin gemacht?

Das kann Ihnen helfen!

Teil 1: Persönlichkeitsmerkmale von Eltern

In Ihrem schulischen Alltag ist es mit Sicherheit nicht immer leicht, eine geeignete Form des Elterngesprächs außerhalb offizieller Elternsprechtage zu finden. Hinzu kommt, dass Sie bei solchen Gesprächen häufig schwierige Dinge ansprechen müssen. Es kann passieren, dass Eltern Probleme zunächst nicht sehen wollen. Darüber hinaus können Sie auf verschiedene „Elterntypen" treffen. So kann es z. B. sein, dass auch Vater oder Mutter zu impulsiven Reaktionen neigen. Für solche Situationen sollten Sie gewappnet sein. Damit ein Gespräch über „schwierige" Themen gelingen kann, ist es unerlässlich, dass Sie auch eine positive Beziehung zu den Eltern aufbauen.

Wir wollen Ihnen jetzt zunächst die aus unserer Sicht wichtigsten schwierigen „Elterntypen" einmal vorstellen. Sie sollten sich mit den verschiedenen Typen vertraut machen, um bestimmte Reaktionen der Eltern besser einordnen und darauf angemessen reagieren zu können.

1. Dissimulierende, verunsicherte Eltern

Eltern schätzen die schulischen Probleme ihres Kindes manchmal anders ein, als Sie dies tun. Unter Umständen sind die Eltern in Sorge über eine mögliche Stigmatisierung, spielen das Problemverhalten dann herunter, sind zu einer Kooperation nicht bereit und lehnen eventuell das Aufsuchen einer Beratungsstelle für ihr Kind ab. Sie sollten die Sorgen der Eltern und deren Haltung aber unbedingt ernst nehmen und diese auch würdigen. Es ist auch möglich, dass Eltern das von Ihnen beschriebene Problemverhalten im häuslichen Kontext tatsächlich nicht erleben, da dieses nur in Gruppen- oder Lernsituationen auftritt. In solchen Fällen kann es ratsam sein, mit den Eltern ein gemeinsames Bedingungsmodell (siehe Baustein 2) zu entwickeln, welches die Notwendigkeit individueller Interventionen oder weiterführender Hilfen, die auch den häuslichen Rahmen einbeziehen, verdeutlicht. Aus diesem Bedingungsmodell sollte auch hervorgehen, welche Anteile Sie als Pädagogin/Pädagoge unter Umständen an dem gezeigten Problemverhalten haben und wie Sie versuchen, dem entgegenzuwirken. Es kann auch vorkommen, dass Eltern nach einer systematischen Analyse des Problemverhaltens weiterhin das Problemverhalten nicht anerkennen und nicht zu einer Kooperation bzw. der Inanspruchnahme externer Hilfen bereit sind. Versuchen Sie dennoch, herauszufinden, zu welchen Interventionen bzw. zu welchen Schritten die Eltern bereit wären.

2. Externalisierende Eltern

Es kommt vor, dass Eltern ihren eigenen Anteil an der Entwicklung des Problemverhaltens ihres Kindes nicht wahrnehmen. Ein möglicher Grund ist, dass Eltern ein eigenes Bedingungsmodell verinnerlicht haben, welches überwiegend auf stabile Eigenschaften des Kindes (Impulsivität) oder schulische Rahmenbedingungen (zu große Klassen) fokussiert. Eltern sind dann häufig der Überzeugung, dass sie das Problemverhalten ihres Kindes gar nicht beeinflussen können, da es sich schließlich um ein stabiles Merkmal des Kindes („Peter war schon immer so.") handelt. Auch weiterführende Hilfen sehen sie daher oft als zwecklos an. Sie als Lehrperson sollten in jedem Fall deutlich machen, dass Sie für eine gelingende schulische Entwicklung die Unterstützung der Eltern benötigen. Erklären Sie, dass der Schüler/die Schülerin erfahren soll, dass Schule und Elternhaus ein Team sind und gemeinsam Veränderungen bewirken möchten.

3. Eltern mit Schuldgefühlen

Sie werden ebenso auf Eltern treffen, die dazu neigen, die Problemverhaltensweisen ihres Kindes vollständig der eigenen „unzureichenden" Erziehungskompetenz zuzuschreiben. Hier sollten Sie als Lehrperson betonen, dass es immer viele Einflussfaktoren für die Entstehung von Problemverhalten gibt.

Darüber hinaus sollten Sie insbesondere bei diesem „Elterntyp" betonen, dass es in keiner Weise um Schuldzuweisungen geht, sondern um die Entwicklung gemeinsamer Lösungen. Sprechen Sie über Ihre eigenen Schwierigkeiten mit dem Schüler/der Schülerin und machen Sie so deutlich, dass die Probleme nicht allein durch unzureichende Erziehungskompetenzen zu erklären sind.

4. Eltern mit Organisationsschwierigkeiten

Wenn Sie den Eindruck gewinnen, dass Eltern selbst auch zu Problemen bei der Strukturierung und Organisation neigen, unterstützen Sie diese Eltern dabei, zu überlegen, wann sie sich Zeit für z. B. die Nachbesprechung der Hausaufgaben nehmen können. Machen Sie die Eltern eventuell vorsichtig auf Ihre Beobachtung aufmerksam und überlegen Sie gemeinsam mit den Eltern, ob es sinnvoll sein könnte, die Unterstützung beispielsweise einer Erziehungsberatungsstelle in Anspruch zu nehmen.

5. Elternpaare mit unterschiedlichen Meinungen

Eine besondere Herausforderung sind Elterngespräche, bei denen Elternpaare uneinig sind, wie mit dem schulischen Problemverhalten umgegangen werden soll. Auch getrennt lebende Eltern, die sich möglicherweise negativ über den jeweils anderen äußern, stellen für Sie als Lehrperson eine große Herausforderung dar. Wir empfehlen Ihnen, in solchen Fällen eine neutrale Haltung beiden „Parteien" gegenüber einzunehmen. Nehmen Sie alle Vorschläge/Überlegungen wertschätzend auf. Bei getrennt lebenden Eltern sollten Absprachen nach Möglichkeit immer mit dem jeweils zuständigen Elternteil erfolgen, um Missverständnisse zu vermeiden. Es sollten aber, soweit dies möglich ist, beide Elternteile über das Vorgehen informiert sein.

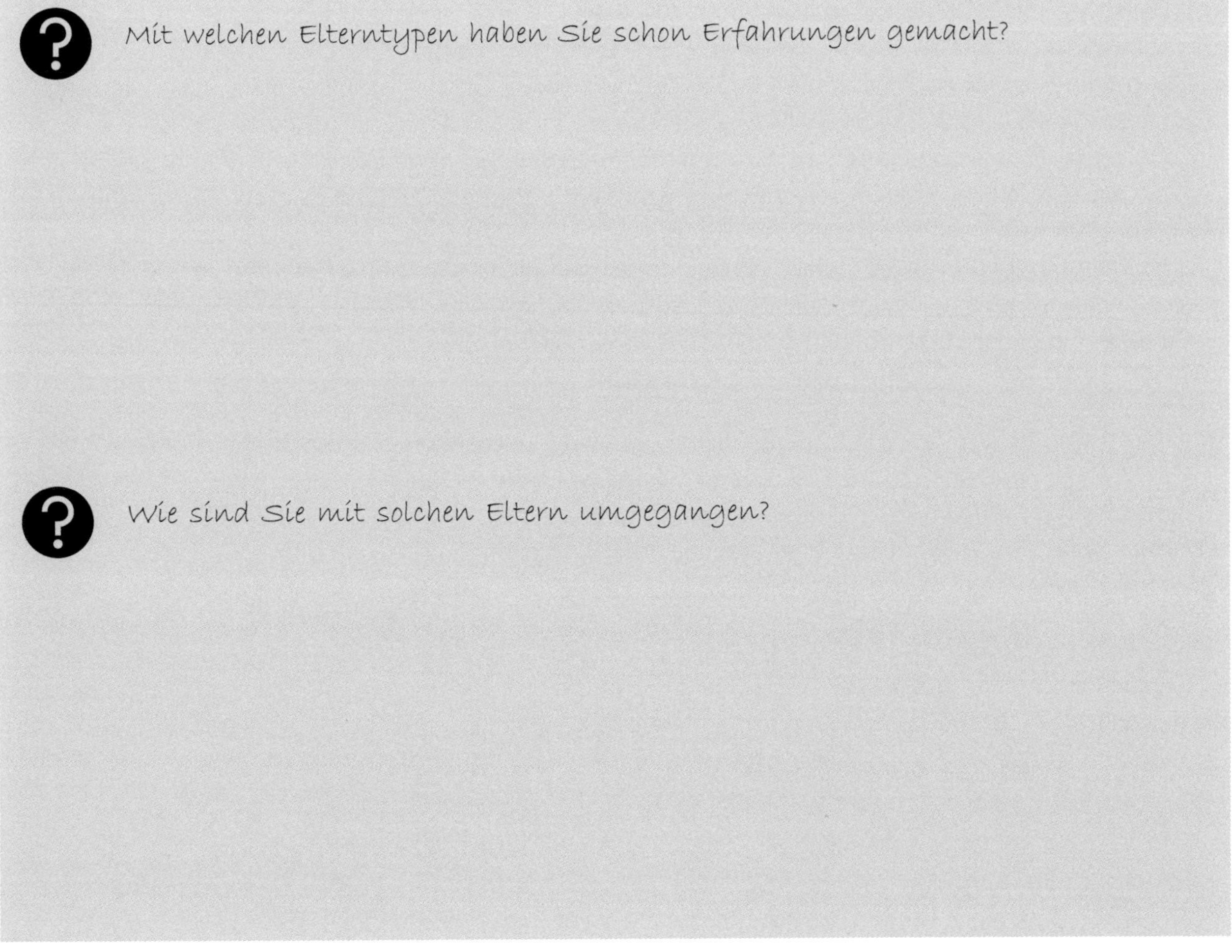

Teil 2: Externe Hilfen

Sofern Eltern aktuell keine weiteren Hilfen wie beispielsweise eine Beratung in einem Sozialpädiatrischen Zentrum, Hilfen vom Jugendamt oder eine Psychotherapie für den Schüler/die Schülerin in Anspruch nehmen, dies aus Ihrer Sicht jedoch sinnvoll erscheint, sollten Sie sie auf die Möglichkeit verschiedener Unterstützungsmaßnahmen aufmerksam machen. Neben dem Nachteilsausgleich, auf den wir schon im Baustein 3 eingegangen sind, gibt es weitere Maßnahmen, die eine Form der Unterstützung für Familien oder aber auch für Schüler/Schülerinnen mit Aufmerksamkeits-, Konzentrations- und Selbststeuerungsproblemen darstellen können. Für anstehende Elterngespräche kann es hilfreich sein, über diese „externen Hilfen" informiert zu sein und auch die eine oder andere gesetzliche Grundlage zu kennen. Einige dieser Maßnahmen werden über das 8. Buch des Sozialgesetzes (SGB VIII) geregelt; und diese Hilfen können bei den Jugendämtern beantragt werden. Zunächst möchten wir Ihnen die gesetzlichen Grundlagen verschiedener Unterstützungsmaßnahmen vonseiten der Jugendämter vorstellen und dann auf die unterschiedlichen Möglichkeiten „externer Hilfen" eingehen.

Gesetzliche Grundlagen „externer Hilfen"

- Eine Form der Unterstützung stellt die *Hilfe zur Erziehung* (§ 27 SGB VIII) dar. Alle Sorgeberechtigten haben bei der Erziehung eines Kindes/Jugendlichen Anspruch auf Hilfe (Hilfe zur Erziehung), „wenn eine dem Wohl des Kindes ... entsprechende Erziehung nicht gewährleistet ist und die Hilfe für seine Entwicklung geeignet und notwendig ist" (§ 27 Abs. 1 SGB VIII). Antragssteller sind immer die Sorgeberechtigten. Das Jugendamt entscheidet über die Gewährung der Hilfen zur Erziehung.
- Die *Eingliederungshilfe* (§ 35a SGB VIII) hingegen richtet ihre Hilfe direkt an Kinder oder Jugendliche. Diese haben Anspruch auf Eingliederungshilfe, wenn „1. ihre seelische Gesundheit mit hoher Wahrscheinlichkeit länger als sechs Monate von dem für ihr Lebensalter typischen Zustand abweicht, und 2. daher ihre Teilhabe am Leben in der Gesellschaft beeinträchtigt ist oder eine solche Beeinträchtigung zu erwarten ist" (§ 35a SGB VIII). Antragsteller können zum einen die Sorgeberechtigten sein, aber auch Jugendliche ab dem Alter von 15 Jahren ohne Einwilligung der Eltern (§ 36 SGB I). Die Entscheidung über die Gewährung der Hilfe trägt auch hier das Jugendamt. Der Einbezug eines Gutachtens durch eine Ärztin/einen Arzt für Kinder- und Jugendpsychiatrie und -psychotherapie, eine Kinder- und Jugendlichenpsychotherapeutin/einen Kinder- und Jugendlichenpsychotherapeuten oder aber eine Ärztin/einen Arzt oder eine psychologische Psychotherapeutin/einen psychologischen Psychotherapeuten, „der über besondere Erfahrungen auf dem Gebiet seelischer Störungen bei Kindern und Jugendlichen verfügt" (§ 35a Abs. 1 SGB VIII), ist jedoch erforderlich.

Mögliche Hilfen zur Erziehung (§ 27 SGB VIII) bzw. Eingliederungshilfen (§ 35a SGB VIII) sind:

- Familienunterstützende Hilfen (z. B. Sozialpädagogische Familienhilfe),
- Familienergänzende Hilfen (z. B. Tagesgruppe),
- Familienersetzende Hilfen (z. B. Pflegefamilie, Heimunterbringung),
- Sozialpädagogische Einzelfallhilfe,
- Nur auf § 35a basierend: Bewilligung einer LRS-Förderung/Lerntherapie.

Auf welcher Rechtsgrundlage (§ 27 oder § 35a SGB VIII) die oben genannten Hilfen bewilligt und finanziert werden, wird im Einzelfall vom Jugendamt entschieden.

Darüber hinaus bietet sich Eltern eine Vielzahl von weiteren Hilfsangeboten, welche wir Ihnen im Folgenden zusammengefasst haben:

Hilfsangebote für Eltern

Allgemeine Informationen zu ADHS:
- Zentrales ADHS-Netz (http://www.zentrales-adhs-netz.de/)
- ADHS-Infoportal des Zentralen ADHS-Netzes (http://www.adhs.info/)
- Bundeszentrale für gesundheitliche Aufklärung (http://www.bzga.de/)

Selbsthilfegruppen:
Überregionale Selbsthilfeverbände vermitteln ADHS-bezogenen Kontakt zu Selbsthilfegruppen:
- ADHS Deutschland e.V. (http://www.adhs-deutschland.de)
- TOKOL e.V. (http://tokol.de)

Selbsthilfekontaktstellen vermitteln fach-, themen- und trägerübergreifend Kontakte zu Selbsthilfegruppen in der Umgebung:
- Nationale Kontakt- und Informationsstelle zur Anregung und Unterstützung von Selbsthilfegruppen (http://www.nakos.de)

Beratung:
- Schulpsychologischer Dienst: Hilfe bei akuten schulischen Konflikten, Strukturierung des Alltags und der Lernsituation (bundesweite Datenbank: http://www.schulpsychologie.de)
- Erziehungs- und Familienberatungsstellen: Unterstützung bei der Klärung und Bewältigung individueller und familienbezogener Probleme (Kontaktinformationen z.B. bei der Deutschen Arbeitsgemeinschaft für Jugend- und Eheberatung e.V., http://www.dajeb.de)
- Elterntelefon: Telefonberatung für Eltern, die anonym Ratschläge erhalten möchten, gefördert vom Bundesfamilienministerium (https://www.nummergegenkummer.de)
- Jugendamt: Ansprechpartner bezüglich Hilfen zur Erziehung (§ 27 SGB VIII) und Eingliederungshilfen (§ 35a SGB VIII)

Diagnostik und Therapie:
- Kinder- und Jugendlichenpsychotherapeutinnen/Kinder- und Jugendlichenpsychotherapeuten: Diagnostik und Psychotherapie unterschiedlicher Ausrichtung (Verhaltenstherapie, tiefenpsychologisch fundiert) von psychischen/psychosomatischen Störungen mit i.d.R. wöchentlichen Terminen (Adressen können bei der Kinderärztin/dem Kinderarzt und der Krankenkasse erfragt werden). Die Leitlinien von Fachgesellschaften zur Diagnose und Therapie von ADHS empfehlen bezüglich Psychotherapie vor allem Verhaltenstherapie.
- Fachärzte/Fachärztinnen für Kinder- und Jugendpsychiatrie und -psychotherapie: Medizinische und psychologische Diagnostik; Psychotherapie (häufig niedrige Terminfrequenz) und medikamentöse Behandlung psychischer/psychosomatischer Erkrankungen (Adressen z.B. unter http://www.neurologen-und-psychiater-im-netz.org/aerzte/suche.html).
- Ambulanzen kinder- und jugendpsychiatrischer Kliniken: Diagnostische Abklärung psychischer Auffälligkeiten; ambulante sowie (teil-)stationäre Therapie von Kindern und Jugendlichen (eine zuständige Klinik finden Sie z.B. über die Deutsche Gesellschaft für Kinder- und Jugendpsychiatrie, Psychosomatik und Psychotherapie, http://www.dgkjp.de/kliniken).
- Sozialpädiatrische Zentren: Ambulante interdisziplinäre Einrichtungen, spezialisiert auf Kinder und Jugendliche; Abklärung von Entwicklungsauffälligkeiten und psychischen/psychosomatischen Erkrankungen; Elternberatung; ggf. therapeutische und präventive Eltern-/Kindergruppen oder andere therapeutische Angebote, meist aber Weitervermittlung an andere Institutionen, Kliniken und niedergelassene Psychotherapeuten oder Therapeuten anderer Fachrichtungen (Adressen z.B. unter http://www.kinderaerzte-im-netz.de/adressen/sozialpaediatrie).

Teil 3: Leitfaden zu Elterngesprächen

Zur Vorbereitung und Durchführung eines Elterngesprächs beachten Sie bitte die folgenden Empfehlungen:

1. Bereiten Sie das Gespräch vor.
Das Schulgebäude sollte insgesamt so gestaltet sein, dass sich alle Eltern gut orientieren können. Finden Sie eine geeignete Form der Einladung für das Gespräch (Tür- und Angel-Gespräch, Brief, Anruf, ...). Um mögliche Sprachbarrieren zu überwinden, können ehrenamtliche Dolmetscher oder Eltern mit entsprechenden Sprachkompetenzen angefragt werden. Nehmen Sie sich des Weiteren vor dem Gespräch Zeit und machen Sie sich Gedanken über die Stärken des Schülers/der Schülerin (z. B. „Ihr Kind ist immer sehr hilfsbereit und hat einen starken Gerechtigkeitssinn. Das mögen auch Mitschülerinnen und Mitschüler an Ihrem Kind.").

2. Finden Sie einen passenden Einstieg in das Gespräch.
Bedanken Sie sich bei den Eltern, dass sie sich Zeit für das Gespräch nehmen. Fragen Sie die Eltern zu Beginn des Gesprächs nach eigenen Themen/Anliegen. Besprechen Sie mit den Eltern darüber hinaus die Struktur des Gesprächs und verdeutlichen Sie, zu welchem Zeitpunkt Raum für die Themen der Eltern ist (bspw. in den letzten 10 Minuten des Gesprächs). Schaffen Sie eine positive Atmosphäre. Hilfreich kann es hierbei sein, sich zunächst einmal in die Rolle der Eltern zu versetzen und sich zu überlegen, unter welchen Bedingungen Sie selbst ein Elterngespräch als angenehm empfinden würden. Achten Sie hierbei auch auf eine Form der Ansprache, die Sie selbst als angemessen empfinden würden. An dieser Stelle sollten Sie die positiven Seiten des Schülers/der Schülerin beschreiben, um zu verdeutlichen, dass Sie den Schüler/die Schülerin in seiner/ihrer Vielfalt wahrnehmen. Erwähnen Sie an dieser Stelle nichts Negatives!

3. Thematisieren Sie das Problemverhalten.
Schildern Sie den Eltern möglichst sachlich, welches Problemverhalten Sie bei dem Schüler/der Schülerin beobachtet haben (z. B. „Ich habe wiederholt beobachtet, dass Ihr Kind im Unterricht Schwierigkeiten hat, sitzen zu bleiben. Er/Sie steht ständig auf."). Erläutern Sie, warum Sie dieses Verhalten problematisch finden (z. B. stört den Unterricht; braucht länger für die Aufgaben; erreicht sein/ihr Lernziel nicht). Überprüfen Sie, ob die Eltern ähnliche Problemsituationen oder ähnliches Problemverhalten kennen, und fragen Sie sie nach ihrer eigenen Einschätzung. Schildern Sie den Eltern die Faktoren, die aus Ihrer Sicht zur Aufrechterhaltung des Problemverhaltens beitragen. Achten Sie bei Ihrer Formulierung darauf, dass es sich bei Ihrer Beschreibung um Ihre Perspektive handelt, und fragen Sie die Eltern anschließend erneut nach ihrer Sichtweise. Machen Sie den Eltern jedoch auch die besondere Situation in der Schule deutlich und erläutern Sie die unterschiedlichen Anforderungen im Vergleich zum häuslichen Umfeld (beispielsweise Stillarbeitsphasen, Kooperation mit Mitschülern/Mitschülerinnen etc.). Dies ist besonders dann von Bedeutung, wenn Eltern Ihnen schildern, das genannte Problemverhalten zu Hause gar nicht zu kennen. Teilen Sie den Eltern im nächsten Schritt mit, welches Zielverhalten Sie sich für den Schüler/die Schülerin überlegt bzw. schon mit ihm/ihr vereinbart haben. Machen Sie deutlich, auf welche Methoden Sie zurückgreifen, um den Schüler/die Schülerin dabei zu unterstützen, das Zielverhalten aufzubauen (z. B. Beziehungsaufbau, Lob, Verstärkerplan). Verdeutlichen Sie den Eltern, auf welche Grenzen Sie dabei ggf. gestoßen sind und wo Ihre Einflussmöglichkeiten als Lehrperson möglicherweise begrenzt sind. An dieser Stelle kann es manchmal sinnvoll sein, mit den Eltern Ihr Bedingungsmodell zu besprechen bzw. mit den Eltern gemeinsam ein Bedingungsmodell zu entwickeln (siehe auch „Dissimulierende, verunsicherte Eltern").

4. Achten Sie auf eine wertschätzende Haltung und bereiten Sie sich auch auf Widerstände vor.
Es ist sicherlich keine leichte Aufgabe, auf der einen Seite eine positive Beziehung zu den Eltern Ihres Schülers/Ihrer Schülerin aufrechtzuerhalten und damit deren Bereitschaft zu einer Kooperation zu stärken und andererseits aber auch problematische Verhaltensweisen des Schülers/der Schülerin anzusprechen. Versuchen Sie, während des gesamten Gesprächs ruhig und wertschätzend zu bleiben. Vertreten Sie gleichzeitig sachlich Ihren Standpunkt und achten Sie auf eine professionelle Haltung. Versetzen Sie sich immer wieder in die Lage der Eltern und versuchen Sie, Verständnis aufzubringen, auch wenn Sie zunächst auf Widerstand stoßen! Versuchen Sie, Angriffe nicht persönlich zu nehmen, und unterlassen Sie alles, was die Eltern Ihres Schülers/Ihrer Schülerin in eine Ecke drängen könnte. Denken Sie auch noch mal an die zuvor beschriebenen Elterntypen, um mögliche Reaktionen der Eltern besser einordnen zu können.

5. Holen Sie die Eltern ins Boot.
Verdeutlichen Sie, an welchen Punkten Unterstützung vonseiten der Eltern notwendig ist, und machen Sie mit Nachdruck die Bedeutung der Kooperation zwischen Schule und Elternhaus deutlich. Überlegen Sie, ob sich konkrete Maßnahmen, die Sie in der Schule zur Erreichung des Zielverhaltens einsetzen, auch auf den häuslichen Rahmen übertragen lassen, und besprechen Sie mit den Eltern konkrete Ansatzpunkte (z. B. Üben, beim Abendbrot sitzen zu bleiben). Berücksichtigen Sie an dieser Stelle die Ressourcen und Kompetenzen der Eltern und stellen Sie realistische Erwartungen an die Eltern. Dies gilt insbesondere für Eltern mit eigenen Organisationsschwierigkeiten. Sollten Sie den Eindruck haben, dass die Eltern überfordert sind, machen Sie diese auf weiterführende Hilfen, wie wir sie zuvor beschrieben haben, aufmerksam. Stärken Sie die Motivation der Eltern, solche Hilfen in Anspruch zu nehmen, und verweisen Sie in diesem Zusammenhang noch einmal auf die Risiken, die Sie bei der schulischen Entwicklung des Schülers/der Schülerin sehen, falls keine weiteren Maßnahmen ergriffen werden. Betonen Sie ebenso die Chancen, die sich durch eine Inanspruchnahme von Hilfe sowie eine gute Zusammenarbeit zwischen Eltern und Schule für den Schüler/die Schülerin eröffnen.

6. Schließen Sie das Gespräch ab.
Bedanken Sie sich für das (konstruktive) Gespräch und geben Sie einen kurzen Ausblick auf die nächsten Schritte. Fixieren Sie die getroffenen Absprachen auf dem *Arbeitsblatt 7: Protokoll Elterngespräch* (siehe Abbildung 9 auf Seite 76) und lassen Sie alle Beteiligten unterschreiben. Dies erhöht zum einen die Verbindlichkeit und dient zum anderen als „Gedächtnisstütze“ für folgende Gespräche. Vereinbaren Sie ggf. einen weiteren Termin zur Nachbesprechung.

Mit der Auseinandersetzung mit den Rahmenbedingungen und der Kooperation mit den Eltern haben Sie eine wichtige Basis für Veränderungen geschaffen. Uns ist klar, dass manche der genannten Punkte nicht einfach umzusetzen sind, und dass Veränderungen häufig Zeit und Kraft erfordern. Bleiben Sie dran, auch wenn nicht alles direkt klappt!

Platz für Ihre Bemerkungen/Fragen:

Arbeitsblatt 7 Baustein 4

Protokoll Elterngespräch

Anwesende Lehrerin, beide Eltern

Datum 12.08. Uhrzeit 15:00

Anlass

Lukas ist im Unterricht leicht ablenkbar und steht oft von seinem Platz auf

Inhalt

Lukas hat viele Freunde und wird aufgrund seiner fröhlichen, lebhaften und lustigen Art sowohl von den Lehrkräften als auch von den anderen Kindern sehr gemocht. Er ist sehr hilfsbereit und setzt sich oft für andere Kinder ein. Im Unterricht hat er jedoch einige Schwierigkeiten, da er sich leicht ablenken lässt und wiederholt aufsteht. Dies führt zum einen dazu, dass er Schwierigkeiten hat, seine Aufgaben in einem angemessenen Zeitrahmen zu beenden, zum anderen werden auch seine Mitschülerinnen und Mitschüler gestört. Die Eltern kennen die Schwierigkeiten in Grundzügen auch aus dem häuslichen Rahmen. Lukas lässt sich bei den Hausaufgaben manchmal leicht ablenken und steht beim Essen manchmal auf. Insgesamt scheinen die Probleme zu Hause weniger ausgeprägt zu sein (1:1-Betreuung während der Hausaufgaben? Weniger Reize im häuslichen Umfeld? Geringere Anforderungen an seine Selbständigkeit?).
Lukas Lehrerin hat gute Erfahrungen damit gemacht, Lukas direkt anzuleiten und ihn häufig zu loben. Im Unterricht sind die Möglichkeiten, Aufgaben alleine mit Lukas zu bearbeiten, jedoch begrenzt.

Ergebnis

Lehrkraft und Eltern möchten Lukas gemeinsam dabei unterstützen, aufmerksamer und konzentrierter an seinen Aufgaben zu arbeiten und in Phasen, in denen Sitzenbleiben erforderlich ist, an seinem Platz zu bleiben. Dadurch soll es Lukas ermöglicht werden, seine Aufgaben besser zu Ende zu bringen und damit auch Erfolgserlebnisse zu haben, und auch die Klasse insgesamt könnte profitieren (weniger Störungen). Zum Erreichen dieser Ziele werden sowohl in der Schule als auch im häuslichen Umfeld verschiedene Schritte geplant (siehe „Absprachen").

Absprachen

Die Lehrerin versucht in der Schule, Lukas in Stillarbeitsphasen stärker anzuleiten, und achtet darauf, ihn für konzentriertes Arbeiten zu loben oder zu belohnen. Zudem achtet sie darauf, ihm in Stillarbeitsphasen eine möglichst reizarme Umgebung zu bieten, sofern dies im Klassenraum möglich ist (z. B. nur benötigte Materialien auf dem Tisch, Wahl eines geeigneten Sitzplatzes). Um ihn darin zu unterstützen, in Stillarbeitsphasen an seinem Platz zu bleiben, führt die Lehrerin einen Belohnungsplan mit Lukas durch.
Die Eltern unterstützen Lukas zu Hause bei den Hausaufgaben mit ähnlichen Maßnahmen wie die Lehrerin (klare Absprachen, angemessene positive wie negative Konsequenzen) und achten auch hier auf einen reizarmen Arbeitsplatz. Bei den Hausaufgaben und beim Essen üben sie mit ihm, an seinem Platz zu bleiben.
Sowohl in der Schule als auch zu Hause wird darauf geachtet, Lukas viele positive Rückmeldungen zu geben!
In vier Wochen treffen wir uns zu einem erneuten Gespräch und überprüfen die bisherigen Schritte (und treffen ggf. neue Absprachen).

Unterschrift der Beteiligten

Abbildung 9:
Protokoll Elterngespräch (Arbeitsblatt 7)

Arbeitsblatt 7 Baustein 4

Protokoll Elterngespräch

Anwesende

Datum Uhrzeit

Anlass

Inhalt

Ergebnis

Absprachen

Unterschrift der Beteiligten

Baustein 5

Sorgen Sie für klare Regeln!

Materialien zum Baustein 5
Memokarte 2: Klassenregeln
Memokarte 3: Regeln und wirkungsvolle Aufforderungen

→ Sie finden die Materialien am Ende des Bausteins (s. Seite 90) und als PDF-Download (s. Seite 153).

Kennen Sie das?

Eigentlich hat Lukas' Lehrerin ganz klare Klassenregeln aufgestellt. Aber im Alltag ist es oft gar nicht so einfach, diese auch umzusetzen. Da die Lehrerin am Tag zuvor Vertretungsunterricht machen und in der Lernzeit des Offenen Ganztags vertreten musste, hatte sie keine richtige Zeit, den Unterricht vorzubereiten. An solchen Tagen ist eben alles anders und ihre Nerven liegen bereits blank. Daher achtet sie nicht immer in gleicher Weise auf die Regeln. Meistens besteht sie auf Pünktlichkeit, und wenn ein Schüler/eine Schülerin aus der Pause nicht pünktlich zum Unterricht kommt, bekommt derjenige/diejenige einen Strich an der Tafel. Doch dann gibt es wiederum auch Tage, wie an einem solchen „Chaostag", da sagt sie gar nichts, wenn ein Schüler/eine Schülerin zu spät kommt.

Auch mit Lukas hat seine Lehrerin schon oft besprochen, was sie von ihm in bestimmten Situationen erwartet. Bei der Vielzahl an Problemsituationen, die es mit ihm gibt, schafft sie es aber kaum, auf alle mit ihm vereinbarten Regeln zu achten. Gerade an Tagen, an denen ohnehin viel organisiert werden muss oder die gesamte Klasse sehr unruhig ist, hat sie kaum die Möglichkeit, bei allen Regelverstößen individuell auf ihn zu reagieren.

© Klaus Gehrmann

Wie ist das bei Ihnen mit Regeln?

Was wollen wir mit diesem Baustein erreichen?

Liebe Pädagoginnen und Pädagogen,

vielen Lehrkräften fällt die Klassenführung nicht immer leicht. Auch, wenn es nicht immer ganz so schlimm sein muss wie in unserem Beispiel, kennen Sie vielleicht vergleichbare Situationen aus Ihrem Alltag. Wie Lukas' Lehrerin geraten Pädagoginnen/Pädagogen gerade bei schwierigen Schülern/Schülerinnen öfter in Situationen, in denen sie sich mal so und mal so verhalten. Neben dem schwierigen Schüler/der schwierigen Schülerin müssen sie sich ja auch noch um die anderen Schüler und Schülerinnen kümmern. Parallel zu den ganzen weiteren Aufgaben, die sie im alltäglichen Schulalltag zu bewältigen haben, kommt es dann schon einmal dazu, dass an einem Tag bestimmte Regeln gelten und negative Konsequenzen erfolgen, wenn sie nicht befolgt werden, während die Lehrkraft an anderen Tagen weniger auf die Einhaltung der Regeln achtet. In Anbetracht der vielen Problemsituationen, mit denen Lehrkräfte im Schulalltag umgehen müssen, ist dies sehr verständlich. Irgendwann sind die Kräfte erschöpft. Manche Pädagoginnen/Pädagogen legen für ihre Schüler und Schülerinnen aber vielleicht auch zu strenge Regeln fest und lassen den Schülern und Schülerinnen so zu wenige Freiräume. Andere Lehrkräfte wiederum vereinbaren kaum feste Regeln mit ihren Schülern und Schülerinnen und reagieren entsprechend auf jede Situation anders. Wieder andere haben vielleicht eine Vielzahl von Klassenregeln aufgestellt, die sich die Schüler und Schülerinnen kaum merken können.

Stellen Sie manchmal Regeln auf und haben dann doch nicht die Kraft, diese durchzusetzen?

Für alle Kinder ist es wichtig, vernünftige Regeln und Grenzen zu erfahren. Für Kinder mit Aufmerksamkeits-, Konzentrations- und Selbststeuerungsproblemen gilt dies jedoch noch einmal in besonderem Maße. Im ersten Teil dieses Bausteins wollen wir Sie daher zunächst darin unterstützen, Ihre Klassenregeln zu überdenken. Sie sollen reflektieren, warum Sie die Klassenregeln als wichtig erachten und wie Sie bei der Einhaltung bzw. Nichteinhaltung der Regeln reagieren. Im zweiten Teil dieses Bausteins wollen wir Ihnen dabei helfen, Regeln für die spezifischen Probleme eines einzelnen Schülers/einer einzelnen Schülerin aufzustellen. Bei dieser Regel kann es sich um eine generell eingeführte Klassenregel handeln. Möglicherweise stellen Sie aber auch eine spezifische Regel für ein bestimmtes Problemverhalten auf. Um aus dem Teufelskreis ausbrechen zu können, ist es wichtig, sich mit Regeln auf Klassen- und Schülerebene auseinanderzusetzen. Dabei werden wir uns mit den folgenden Fragen beschäftigen: Wie soll man Grenzen sinnvoll setzen? Welche Grenzen und Regeln sind wichtig? Was ist zu streng, was zu weich? Welche Grenzen und Regeln passen für mich und meinen Schüler/meine Schülerin? Dürfen Ausnahmen gemacht werden? Was soll passieren, wenn sich der Schüler/die Schülerin nicht an Regeln hält?

Die folgende Abbildung verdeutlicht die verschiedenen Schritte, um aus dem Teufelskreis auszubrechen. In diesem Baustein geht es zunächst einmal um das Aufstellen klarer Regeln (farbig markiert). In den nächsten Bausteinen wird es darum gehen, wie Sie Aufforderungen so stellen können, dass sie mit einer höheren Wahrscheinlichkeit auch beachtet werden, und wie Sie mit positiven und negativen Konsequenzen reagieren können, wenn eine Regel beachtet bzw. nicht beachtet wird.

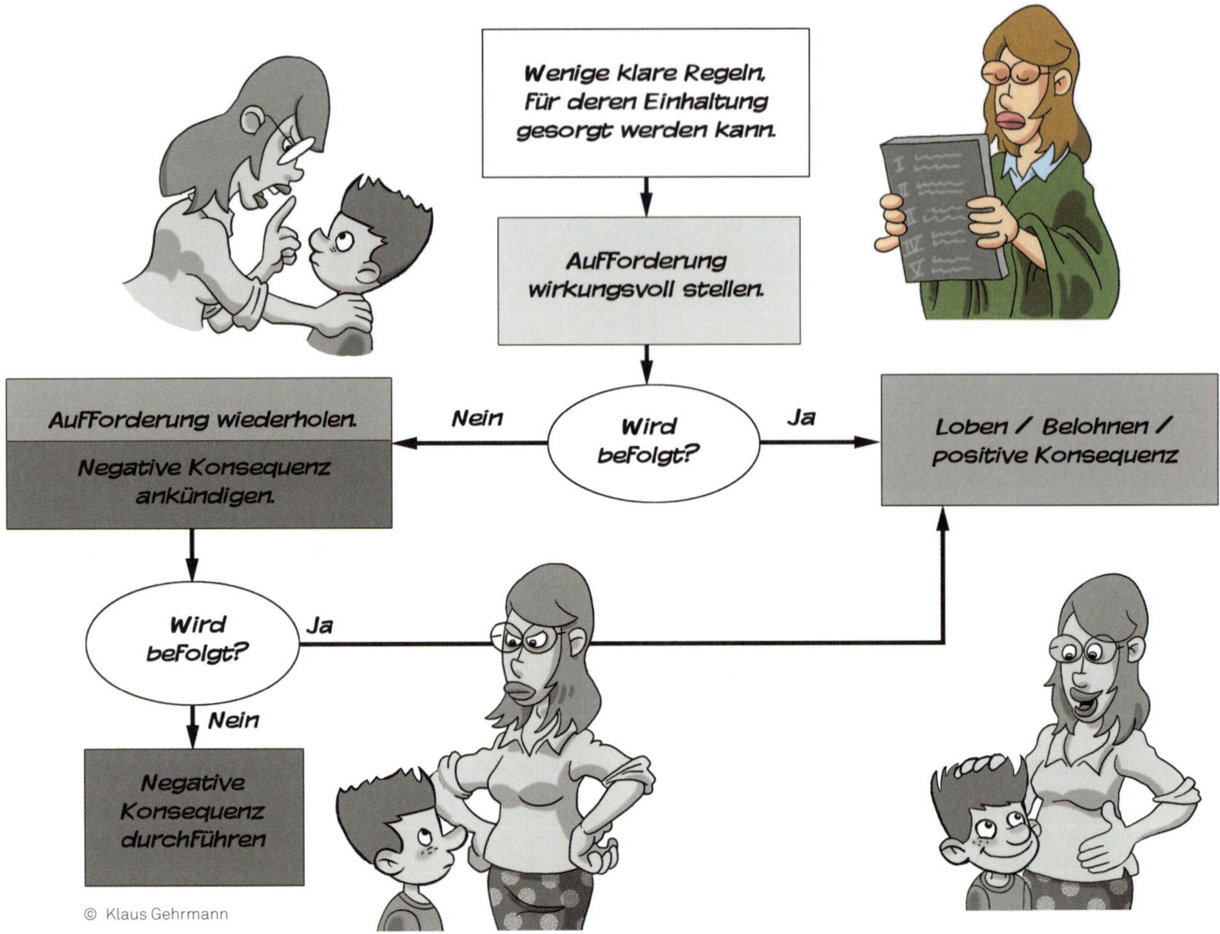

© Klaus Gehrmann

Das kann Ihnen helfen!

Teil 1: Klassenregeln überdenken

© Klaus Gehrmann

Regeln und Grenzen in vernünftiger Weise zu setzen, ist im Schulalltag sehr wichtig!
Regeln bieten Kindern Halt und Sicherheit. Kinder genießen es, Freiheiten zu haben. Es ist allerdings sehr wichtig, dass diese Freiheit nicht grenzenlos ist, denn dann kann sie die Kinder überfordern und ihnen zu wenig Orientierung bieten, die sie zum Erwachsenwerden brauchen. In unserem (erwachsenen) Leben haben wir viele Freiheiten, müssen uns aber auch an viele Regeln und Grenzen halten. Für Kinder ist es eine wichtige Entwicklungsaufgabe, einerseits ihre Freiheiten zu nutzen, andererseits aber auch wichtige Regeln einzuhalten. Klare Grenzen des eigenen Spielraums vermitteln den Kindern Sicherheit, Geborgenheit und auch Verlässlichkeit. Die Welt bekommt Strukturen und wird für die Kinder überschaubar und berechenbar! Insbesondere Kinder mit Aufmerksamkeits-, Konzentrations- und Selbststeuerungsproblemen benötigen klare Regeln und Grenzen, da sie häufig Schwierigkeiten haben, sich selbst zu strukturieren.

Auf der anderen Seite können Regeln und Grenzen auch einengen und Kindern „die Luft zum Atmen nehmen“. Beachten Sie daher, dass Kinder neben klaren Regeln und Grenzen für ihre seelische Entwicklung auch Handlungsspielräume und Freiheiten benötigen! Ziel ist es also nicht, Kindern alle Entscheidungsfreiräume zu nehmen und alle denkbaren Situationen komplett durchzustrukturieren. Für die Entfaltung der Kinder ist es in vielen Situationen ganz zentral, dass sie „Nein“ sagen oder etwas ablehnen dürfen. Insbesondere für Kinder mit ADHS ist der eigenverantwortliche Umgang mit Freiräumen ein besonderes Lernziel, da sie häufig besondere Schwierigkeiten haben, sich selbst zu strukturieren.

Im ersten Teil dieses Bausteins möchten wir Ihnen dabei helfen, Ihre Klassenregeln zu überprüfen. Machen Sie sich zunächst einmal Gedanken über die Regeln, die Ihnen wirklich wichtig sind, da Sie nur Regeln, hinter denen Sie stehen, auch konsequent durchsetzen können. Außerdem sollten Sie reflektieren, ob es möglicherweise zu viele Regeln in Ihrer Klasse gibt, und diese eventuell in ihrer Zahl begrenzen. Denn zu viele Regeln führen zu Überforderung. Drei bis fünf Klassenregeln sind da völlig ausreichend.

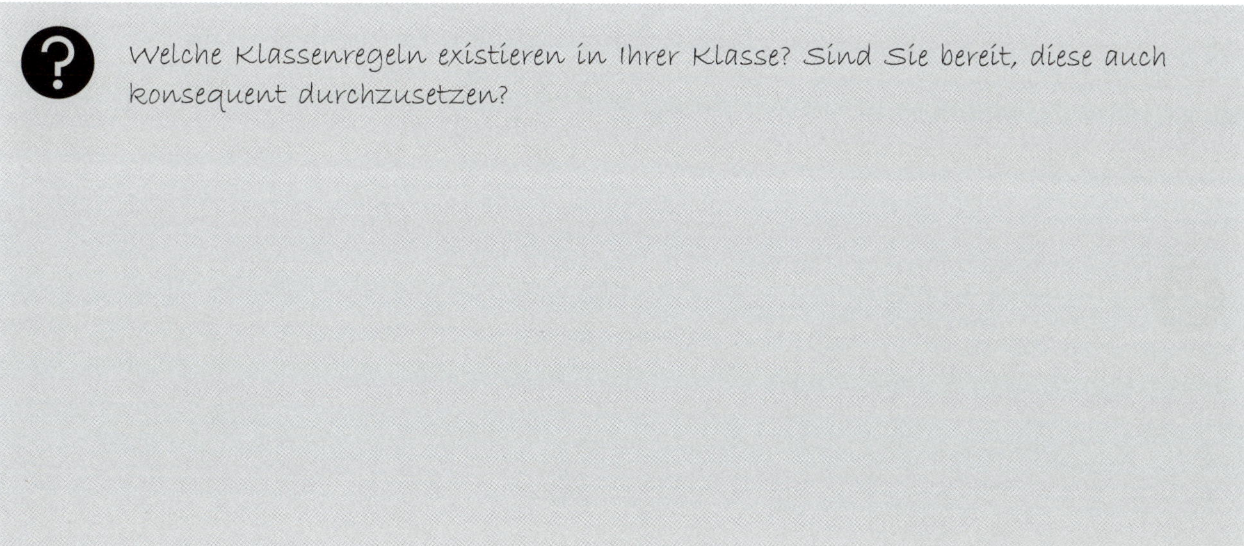

Sicher haben Sie sich schon Gedanken über die Klassenregeln gemacht, die Sie für wichtig erachten. Die folgenden Punkte für das Aufstellen von Klassenregeln werden Ihnen daher vertraut vorkommen. Dennoch möchten wir Ihnen vorschlagen, die folgenden Empfehlungen Schritt für Schritt noch einmal durchzugehen:

1. Unterscheiden Sie zwischen Regeln und Aufforderungen einerseits und Bitten andererseits.
Wenn Sie Regeln aufstellen oder Aufforderungen geben, kann der Schüler/die Schülerin nicht frei entscheiden, ob er/sie diese befolgt oder nicht. Wenn er/sie sich nicht an eine Regel oder Aufforderung hält, sollten Sie eine Konsequenz folgen lassen. Anders sieht es aus, wenn Sie eine Bitte an Ihren Schüler/Ihre Schülerin richten. In diesem Fall darf er/sie selbst entscheiden, ob er/sie der Bitte nachkommt oder nicht, und Sie müssen seine/ihre Entscheidung akzeptieren. Daher ist es wichtig, dass Sie genau zwischen Regeln und Aufforderungen einerseits und Bitten andererseits unterscheiden. Dieser und der nächste Baustein beschäftigen sich ausschließlich mit Regeln und Aufforderungen. Bitten Sie Ihren Schüler/Ihre Schülerin aber auch immer wieder um einen Gefallen („Könntest du mir den Gefallen tun und die Tafel saubermachen?"), bei dem er/sie auch „Nein" sagen kann.

Was halten Sie von dieser Unterscheidung zwischen Regeln, Aufforderungen und Bitten?

2. Erstellen Sie eine Liste der aktuellen Klassenregeln.
Nehmen Sie die *Memokarte 2: Klassenregeln* (siehe Abbildung 10) zur Hand und notieren Sie auf der zweiten Seite die Ihrer Meinung nach wichtigsten Klassenregeln. Beschreiben Sie die Regeln dabei möglichst genau. Schreiben Sie auch auf, ob die Regel nur zu einer bestimmten Zeit gilt (z. B. am Anfang einer Stunde). Es ist oft hilfreich, einen typischen Schulalltag durchzugehen und sich dabei zu fragen, bei welchen Regeln es in der Vergangenheit Schwierigkeiten bei der Umsetzung oder Auseinandersetzungen gab. Überprüfen Sie auch die Anzahl der Regeln und überlegen Sie, ob sich zwei Regeln möglicherweise inhaltlich überschneiden und daher besser zu einer Regel zusammengefasst werden können. Beispielsweise sind die Regel „Wir hören zu, wenn andere sprechen" und die Regel „Wir sind leise, wenn andere sprechen" inhaltlich sehr ähnlich und können daher zusammengefasst werden. Versuchen Sie, die Klassenregeln auf drei bis fünf Regeln zu beschränken.

Bei welchen Regeln gibt es in Ihrer Klasse häufig Schwierigkeiten mit der Einhaltung?

Memokarte 2 Baustein 5

Klassenregeln

1. Unterscheiden Sie zwischen Regeln und Aufforderungen einerseits und Bitten andererseits.
2. Erstellen Sie eine Liste der aktuellen Klassenregeln.
3. Formulieren Sie die Klassenregeln eindeutig, handlungsorientiert und positiv.
4. Überlegen Sie, warum die einzelnen Regeln wichtig sind.
5. Können Sie für die Einhaltung der Regeln sorgen? Sind Sie bereit, Konsequenzen folgen zu lassen, wenn die Regeln nicht eingehalten werden?
6. Gehen Sie mit Ihrer Klasse die Klassenregeln gemeinsam durch und erklären Sie, warum die Regeln wichtig sind.

Bemerkungen:

Memokarte 2 Baustein 5

Klassenregeln

Klassenregel	Für wen gilt die Regel?	Warum ist die Regel wichtig?	Konsequenzen bei Einhaltung der Regel	Konsequenzen bei Nichteinhaltung der Regel
Wir hören den anderen leise zu.	alle	Damit jeder verstehen kann, was der Schüler/die Schülerin sagt.	Lob: „Ihr habt alle toll zugehört!" oder Vorlesegeschichte am Ende der Stunde	Lob entfällt oder Vorlesegeschichte fällt aus.
Wir kommen pünktlich zum Unterricht.	alle	Wenn jemand zu spät kommt, verpasst er etwas vom Stoff und stört die anderen.	Lob: „Schön, dass ihr alle da seid!"	Versäumter Unterrichtsstoff wird zu Hause nachgearbeitet.
Am Ende der Stunde räumen wir die Arbeitsmaterialien in den Schrank.	alle	Damit wir die Materialien wiederfinden, wenn wir sie das nächste Mal brauchen, und die Tische frei sind für die Materialien, die in der nächsten Stunde gebraucht werden.	Kurze Vorlesegeschichte, wenn das Aufräumen zügig geklappt hat	Nicht weggeräumtes Material muss zu Beginn der Pause aufgeräumt werden.

Aus: Den Alltag meistern mit ADHS. Das Arbeitsbuch für Lehrkräfte von Kindern im Alter von 6 bis 12 Jahren. © 2021. Hogrefe Verlag, Göttingen.

Abbildung 10:
Klassenregeln (Memokarte 2)

3. Formulieren Sie die Klassenregeln eindeutig, handlungsorientiert und positiv.

Es hat sich bewährt, bei der Formulierung von Regeln folgende Punkte zu beachten:

- klare und eindeutige Formulierung,
- Aufforderungscharakter,

- handlungsorientierte Formulierung, bei der die Schüler und Schülerinnen genau wissen, welche Handlung von ihnen erwartet wird (z. B. „Wenn wir den Klassenraum wechseln, nehmen wir unseren Partner an die Hand" statt „Wir gehen geordnet in den anderen Klassenraum"),
- nach Möglichkeit positive Formulierung (z. B. besser „Wir räumen unsere Materialien am Ende der Stunde in den Schrank" statt „Wir lassen unsere Materialien nicht auf den Tischen liegen").

4. Überlegen Sie, warum die einzelnen Regeln wichtig sind.
Gehen Sie Ihre Liste von Klassenregeln durch und versuchen Sie, für sich zu begründen, warum Ihnen diese Regeln wichtig sind. Beantworten Sie sich dabei folgende Fragen:
- Warum halten Sie diese Regel für sinnvoll und nötig?
- Was würde Negatives passieren, wenn Ihr Schüler/Ihre Schülerin diese Regel nicht befolgt?
- Was wollen Sie durch die Regel erreichen?

Notieren Sie die Begründung zu jeder Klassenregel bitte in der dafür vorgesehenen Spalte auf der zweiten Seite der *Memokarte 2* (siehe Abbildung 10 auf Seite 85).

Beispiele für Klassenregeln und deren Begründung	
Wir erscheinen pünktlich zum Unterricht.	Wenn Kinder zu spät zum Unterricht kommen, verpassen sie etwas vom Stoff und stören die anderen Kinder bei der Arbeit.
Wir melden uns, bevor wir etwas sagen.	Wenn alle Kinder reden, ohne sich zu melden, wird es zu laut in der Klasse und schwierig, einzelnen Kindern zuzuhören.
Wir räumen unsere Materialien am Ende der Stunde in den Schrank oder in unsere Schultaschen.	Die Tische sollen leer sein, damit wir in der nächsten Stunde Platz zum Arbeiten haben. Die Materialien gehören an einen bestimmten Platz, damit wir sie wiederfinden, wenn wir sie das nächste Mal brauchen.
Wir lösen Konflikte gewaltfrei.	Jeder soll sich in der Klasse sicher fühlen können.

Warum sind die einzelnen Regeln wichtig für Sie?

5. Können Sie für die Einhaltung der Regeln sorgen? Sind Sie bereit, Konsequenzen folgen zu lassen, wenn die Regeln nicht eingehalten werden?
Lehrkräfte achten nach der Festlegung von Regeln gelegentlich nicht hinreichend darauf, dass diese auch eingehalten werden. Der Schüler/die Schülerin macht dadurch jedoch die Erfahrung, dass die Regeln der

Lehrkraft eigentlich nicht wichtig sind und daher auch nicht unbedingt befolgt werden müssen. Sie sollten daher nur Regeln aufstellen, wenn Sie bereit und in der Lage sind, sie auch umzusetzen. Wenn Sie für einzelne Regeln nicht sicherstellen können, dass Sie auch auf deren Einhaltung achten, sollten Sie diese noch einmal überdenken oder sie zunächst zurückstellen. Konzentrieren Sie sich zunächst auf jene Regeln, deren Einhaltung Sie am besten gewährleisten können. Machen Sie sich auch schon einmal Gedanken zu möglichen positiven und negativen Konsequenzen bei Einhaltung sowie bei Nichteinhaltung der Regeln. Falls Sie bei einigen Regeln nicht wissen, wie Sie diese durchsetzen können oder welche sinnvollen Konsequenzen eine Regelverletzung nach sich ziehen kann, dann stellen Sie auch diese Regeln zunächst zurück. Wir werden in den nächsten Bausteinen das Thema Konsequenzen ausführlich bearbeiten.

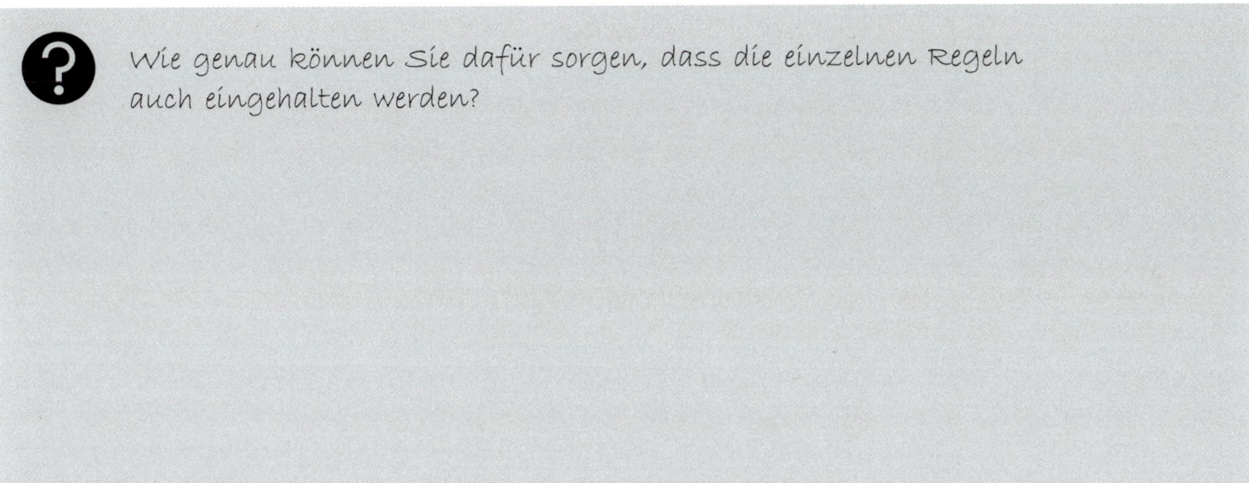

6. Gehen Sie mit Ihrer Klasse die Klassenregeln gemeinsam durch und erklären Sie, warum die Regeln wichtig sind.

Gehen Sie die einzelnen Regeln durch und begründen Sie Ihre eigene Meinung. Diskutieren Sie gemeinsam über die Regeln: Lassen Sie die Schüler und Schülerinnen dazu Stellung nehmen und nehmen Sie die Meinung und möglichen Einwände der Schüler und Schülerinnen ernst. Falls es Ihnen im Verlauf der Diskussion sinnvoll erscheint, können Sie einzelne Regeln auch verändern. Sie sollten am Ende jedoch die Regeln festlegen und Ihren Schülern und Schülerinnen deutlich machen, dass Ihnen die Einhaltung dieser Regeln wichtig ist. Die Kinder sollten verstehen, dass die Regeln akzeptiert werden müssen, auch wenn sie diese eventuell immer noch nicht als sinnvoll oder wichtig erleben. Grundsätzlich ist es für Kinder einfacher, Regeln zu akzeptieren, wenn es neben den Regeln für Kinder auch Regeln für die Lehrkräfte gibt. Natürlich ist es in dem Fall wichtig, dass auch Sie darauf achten, sich an die Regel zu halten (z.B. pünktlich zum Unterricht zu kommen). Besprechen Sie mit Ihrer Klasse auch Ausnahmen der Regeln (bei Besonderheiten, wie einem Notfall oder einem wichtigen Gespräch mit der Schulleitung oder Eltern, kann diese Regel auch mal gebrochen werden). Erklären Sie Ihren Schülern und Schülerinnen, dass es wichtig ist, dass Ausnahmen vorher besprochen und von allen Beteiligten akzeptiert werden müssen.

Durch eine gute Begründung der Regeln in der Klasse wird es Ihnen später meistens auch leichter fallen, keine Grundsatzdiskussion über eine Klassenregel zu führen, wenn ein Schüler/eine Schülerin sich einmal nicht daran hält.

Nach der gemeinsamen Besprechung können Sie die wichtigsten Klassenregeln auf ein Blatt übertragen und dieses an einer zentralen Stelle in der Klasse aufhängen. Hierbei hat es sich bewährt, die Klassenregeln mit Bildern zu verdeutlichen. Damit erinnern sich die Kinder besser an die Regeln. Schön ist es auch, dieses Blatt gemeinsam zu gestalten. Die Verbindlichkeit der Regeln erhöht sich häufig noch, wenn alle Schüler und Schülerinnen und auch Sie selbst das Plakat unterschreiben.

Teil 2:
Individuelle Regeln einführen

Nachdem Sie Ihre Klassenregeln reflektiert und möglicherweise angepasst haben, möchten wir Sie nun dabei unterstützen, Regeln bezogen auf das Problemverhalten des einzelnen Schülers/der einzelnen Schülerin zu formulieren. Notieren Sie hierzu die verschiedenen Problemverhaltensweisen, die Ihr Schüler/Ihre Schülerin zeigt, auf der zweiten Seite der *Memokarte 3: Regeln und wirkungsvolle Aufforderungen* (siehe Abbildung 11) und überlegen Sie sich zunächst individuelle Regeln zu den einzelnen Problemverhaltensweisen. Überlegen Sie sich auch hier, warum Ihnen die aufgestellten Regeln wichtig sind! Die Spalte „wirkungsvolle Aufforderung“ lassen Sie bitte zunächst frei. Diese werden wir im nächsten Schritt bearbeiten. Auch die Spalten zu den Konsequenzen bei Einhaltung und Nichteinhaltung der Regeln können Sie zunächst noch frei lassen, falls Sie sich diesbezüglich noch nicht sicher sind. Wir werden uns in den nächsten Bausteinen damit beschäftigen.

Achten Sie wie beim Einführen von Klassenregeln auch beim Einführen individueller Regeln wieder auf folgende Punkte:

- Überlegen Sie, welche Regeln in der Vergangenheit zu Problemen führten, und notieren Sie sich diese Regeln,
- formulieren Sie individuelle Regeln eindeutig, handlungsorientiert und positiv,
- überlegen Sie, warum einzelne Regeln für den einzelnen Schüler/die einzelne Schülerin wichtig sind,
- reflektieren Sie, ob Sie für die Einhaltung der individuellen Regeln sorgen können und ob Sie bereit sind, Konsequenzen folgen zu lassen, wenn die Regeln nicht eingehalten werden,
- gehen Sie mit Ihrem einzelnen Schüler/Ihrer einzelnen Schülerin die individuellen Regeln durch und erklären Sie ihm/ihr, warum die Regeln wichtig sind.

Konkrete Regeln, die sich auf die definierten Problemverhaltensweisen des Schülers/der Schülerin beziehen, bilden die Grundlage für den Aufbau von erwünschtem Zielverhalten. Sie sollten mit dem Schüler/der Schülerin die individuellen Regeln besprechen und diese schriftlich fixieren. Dies können Sie bspw. mithilfe eines Regelkärtchens, welches Sie auf den Tisch des Schülers/der Schülerin kleben, tun. Sofern es sich um eine Ausgestaltung einer Klassenregel handelt, empfiehlt es sich, diese auch noch einmal individuell mit dem Schüler/der Schülerin zu besprechen und festzuhalten.

Wir wünschen Ihnen viel Erfolg und Kraft bei der Umsetzung der von uns vorgeschlagenen Handlungsschritte. Bleiben Sie am Ball, auch wenn nicht alles direkt gut gelingt!

Memokarte 3 Baustein 5

Regeln und wirkungsvolle Aufforderungen

1. Stellen Sie nur dann Aufforderungen, wenn Sie bereit sind, sie auch durchzusetzen.
2. Sorgen Sie dafür, dass Ihr Schüler/Ihre Schülerin aufmerksam ist, wenn Sie die Aufforderung geben.
3. Äußern Sie die Aufforderung eindeutig und nicht als Bitte.
4. Geben Sie immer nur eine Aufforderung.
5. Bleiben Sie bei Ihrem Schüler/Ihrer Schülerin und überprüfen Sie, ob er/sie der Aufforderung nachkommt.
6. Konzentrieren Sie sich zunächst nur auf die Aufforderungen, die auf die definierten Problemverhaltensweisen bezogen sind.

Bemerkungen:

Memokarte 3 Baustein 5

Regeln und wirkungsvolle Aufforderungen

Problemverhalten	Regel	Wirkungsvolle Aufforderung	Konsequenzen: bei Einhaltung der Regel	Konsequenzen: bei Nichteinhaltung der Regel
Lukas beginnt nicht mit seinen Aufgaben, sondern lenkt sich mit anderen Dingen ab (z. B. Sammelkarten).	Nach der Aufforderung der Lehrerin beginne ich sofort mit meinen Aufgaben.	„Lukas, fang' mit deiner Aufgabe an!"	Lob: „Das klappt ja super heute, schön, dass du direkt anfängst!"	Nicht geschaffte Aufgaben werden (ggf. in Absprache mit den Eltern) als Hausaufgaben nachgearbeitet.
Lukas nimmt anderen Kindern in Stillarbeitsphasen ihre Materialien weg.	In Stillarbeitsphasen beschäftige ich mich ruhig mit meinen Aufgaben. Wenn ich etwas brauche, spreche ich meine Lehrerin an.	„Lukas, bearbeite deine Aufgaben alleine und ruhig. Wenn du etwas brauchst, frag mich gerne."	Lob: „Ich freue mich, dass du dich heute so ruhig mit deinen Aufgaben beschäftigt hast!"	Lukas wird von den Kindern weggesetzt, die er stört. Aufgaben, die er wegen seines Störens nicht geschafft hat, muss er als Hausaufgabe nacharbeiten.
Lukas heftet am Ende der Stunde seine Arbeitsblätter nicht ab, sondern stopft sie lose in seinen Ranzen.	Am Ende der Stunde hefte ich meine Arbeitsmaterialien in die passende Mappe.	„Lukas, hefte deine Arbeitsblätter ab!"	Lob: „Ich finde es schön, dass du deine Arbeitsblätter abgeheftet hast. Jetzt kannst du in die Pause gehen."	Lukas darf erst in die Pause, wenn er seine Arbeitsblätter abgeheftet hat.

Abbildung 11:
Regeln und wirkungsvolle Aufforderungen (Memokarte 3)

Memokarte 2

Baustein 5

Klassenregeln

1. Unterscheiden Sie zwischen Regeln und Aufforderungen einerseits und Bitten andererseits.
2. Erstellen Sie eine Liste der aktuellen Klassenregeln.
3. Formulieren Sie die Klassenregeln eindeutig, handlungsorientiert und positiv.
4. Überlegen Sie, warum die einzelnen Regeln wichtig sind.
5. Können Sie für die Einhaltung der Regeln sorgen? Sind Sie bereit, Konsequenzen folgen zu lassen, wenn die Regeln nicht eingehalten werden?
6. Gehen Sie mit Ihrer Klasse die Klassenregeln gemeinsam durch und erklären Sie, warum die Regeln wichtig sind.

Bemerkungen:

Memokarte 2

Baustein 5

Klassenregeln

Klassenregel	Für wen gilt die Regel?	Warum ist die Regel wichtig?	Konsequenzen	
			bei Einhaltung der Regel	bei Nichteinhaltung der Regel

Memokarte 3 **Baustein 5**

Regeln und wirkungsvolle Aufforderungen

1. Stellen Sie nur dann Aufforderungen, wenn Sie bereit sind, sie auch durchzusetzen.
2. Sorgen Sie dafür, dass Ihr Schüler/Ihre Schülerin aufmerksam ist, wenn Sie die Aufforderung geben.
3. Äußern Sie die Aufforderung eindeutig und nicht als Bitte.
4. Geben Sie immer nur eine Aufforderung.
5. Bleiben Sie bei Ihrem Schüler/Ihrer Schülerin und überprüfen Sie, ob er/sie der Aufforderung nachkommt.
6. Konzentrieren Sie sich zunächst nur auf die Aufforderungen, die auf die definierten Problemverhaltensweisen bezogen sind.

Bemerkungen:

Memokarte 3 Baustein 5

Regeln und wirkungsvolle Aufforderungen

Problemverhalten	Regel	Wirkungsvolle Aufforderung	Konsequenzen	
			bei Einhaltung der Regel	bei Nichteinhaltung der Regel

Baustein 6

Stellen Sie wirkungsvolle Aufforderungen und sparen Sie nicht mit Lob!

Materialien zum Baustein 6
Arbeitsblatt 8: Protokoll – Wirkungsvolle Aufforderungen
Memokarte 4: Loben Sie Ihren Schüler/Ihre Schülerin!

→ Sie finden die Materialien am Ende des Bausteins (s. Seite 109) und als PDF-Download (s. Seite 153).

Kennen Sie das?

Oft hat Lukas' Lehrerin das Gefühl, dass Lukas auf ihre Aufforderungen überhaupt nicht reagiert. Die Lehrerin erklärt gerade etwas einem Klassenkameraden. Lukas rennt durch den Klassenraum und die Lehrerin ruft hinter ihm her: „Jetzt läufst du schon wieder in der Klasse rum! Ich habe dir schon tausendmal gesagt, dass du in der Stillarbeitsphase auf deinem Stuhl sitzen bleiben sollst, du störst ja nur die anderen!" Aber Lukas kümmert sich nicht darum und läuft einfach weiter, woraufhin die Lehrerin richtig wütend wird. Manchmal setzt sich Lukas dann auch an seinen Platz und mault, aber auch dann ist niemand wirklich zufrieden.

Gelegentlich kommt es jedoch auch vor, dass Lukas das macht, was seine Lehrerin sagt, oder dass er sich an eine vereinbarte Regel hält. Die Lehrerin ist dann oft richtig erleichtert, und manchmal sagt sie dann zu Lukas: „Warum nicht gleich so!" Häufig muss sie sich aber auch schnell einem anderen Schüler zuwenden, da dieser ihre Hilfe braucht, oder einer anderen wichtigen Aufgabe nachgehen, zu der sie vorher nicht gekommen war. Sie schafft es dann einfach nicht, sich auch noch mal Lukas zuzuwenden, wenn er sich an eine Regel gehalten hat. Und eigentlich denkt sie auch, dass das doch selbstverständlich und auch keiner weiteren Beachtung wert sein sollte, wenn sich Lukas an das hält, was andere Schüler auch machen. Bei Lukas kommt aber an, dass sich die Lehrerin eigentlich nur um ihn kümmert, wenn er nicht macht, was sie sagt. Hält er sich an die Regel, scheint es irgendwie egal zu sein, denn dann kümmert sich kein Mensch um ihn!

Gelingt es Ihnen, den Schüler/die Schülerin zu loben, wenn er/sie sich an Regeln und Aufforderungen hält?

Was wollen wir mit diesem Baustein erreichen?

Liebe Pädagoginnen und Pädagogen,

im letzten Baustein haben wir Ihnen gezeigt, wie wichtig es ist, dass Sie in der Klasse feste Klassenregeln, aber auch spezifische Regeln für spezifische Problemverhaltensweisen einzelner Schüler/Schülerinnen aufstellen. Doch nicht nur das Aufstellen von Regeln ist bedeutsam. Manchmal besteht das Problem auch in der Art, wie Lehrkräfte die Aufforderungen stellen. Gelegentlich stellen sie die Aufforderungen einfach „in den Raum hinein" oder rufen, wie Lukas' Lehrerin, dem Kind die Aufforderung hinterher. Teilweise wiederholen Lehrkräfte diese Aufforderungen dann so lange, bis sie entweder entnervt aufgeben oder wütend werden. Im zweiten Baustein hatten wir Ihnen den Teufelskreis vorgestellt, in dem auch diese „Falle" erläutert wird. In der Regel halten sich Kinder schon dann eher an Aufforderungen, wenn die Lehrkraft einige Punkte hinsichtlich der Art und Weise beachtet, in der sie Aufforderungen und Regeln ausspricht. In diesem Baustein möchten wir Sie daher dazu anregen, auf das Stellen wirkungsvoller Aufforderungen zu achten. Dies ist ein weiterer wichtiger Schritt zum Ausbruch aus dem Teufelskreis.

Haben Sie schon einmal darauf geachtet, wie Sie Ihrem Schüler/Ihrer Schülerin Aufforderungen geben?

Zudem wollen wir im zweiten Teil dieses Bausteins mit Ihnen erarbeiten, wie Sie Ihren Schüler/Ihre Schülerin loben oder ihm/ihr eine andere positive Konsequenz geben können, wenn er/sie eine Aufforderung befolgt oder eine Regel einhält. Erst durch dieses Lob bzw. diese anderen positiven Konsequenzen wird sich das Verhalten Ihres Schülers/Ihrer Schülerin langfristig verändern und er/sie wird lernen, sich an Aufforderungen und Regeln zu halten. Das ist keine ganz einfache Aufgabe, da viele Pädagoginnen/Pädagogen durch die häufigen Probleme manchmal genervt sind und den Eindruck haben, nur Selbstverständliches von ihrem Schüler/ihrer Schülerin zu verlangen. Außerdem finden viele Lehrkräfte im Unterrichtsgeschehen auch nicht die Zeit, sich noch einmal diesem Schüler/dieser Schülerin besonders zuzuwenden, weil sie sich schließlich auch noch um die anderen Schüler und Schülerinnen kümmern müssen. So ist das auch bei der Lehrerin von Lukas, die beispielsweise endlich anderen Schülern und Schülerinnen die Hausaufgaben erklären kann, wenn Lukas mal das macht, was sie ihm sagt, und nicht den ganzen Ablauf stört.

Denken Sie auch manchmal, dass man Schüler/Schülerinnen für „Selbstverständlichkeiten" eigentlich nicht loben müsste?

Passiert es Ihnen auch manchmal, dass Sie zu beschäftigt sind, um Ihren Schüler/Ihre Schülerin zu loben?

Selbst, wenn Sie Ihren Schüler/Ihre Schülerin konsequent loben oder durch andere positive Konsequenzen bestärken, wird er/sie sich natürlich nicht immer an alle Regeln und Aufforderungen halten. Aber Sie machen Ihrem Schüler/Ihrer Schülerin so deutlich, dass Sie sich freuen, und dies erhöht die Wahrscheinlichkeit, dass er/sie sich öfter so verhält, wie Sie es sich wünschen und mit ihm/ihr besprochen haben.

Die folgende Abbildung verdeutlicht noch einmal die einzelnen Schritte, um aus dem Teufelskreis auszusteigen. Im letzten Baustein ging es um das Aufstellen von Regeln. Im jetzigen Baustein kommen die folgenden beiden neuen Schritte dazu: Das Stellen wirkungsvoller Aufforderungen sowie das Loben und Geben anderer positiver Konsequenzen, wenn Ihr Schüler/Ihre Schülerin sich erwünscht verhält.

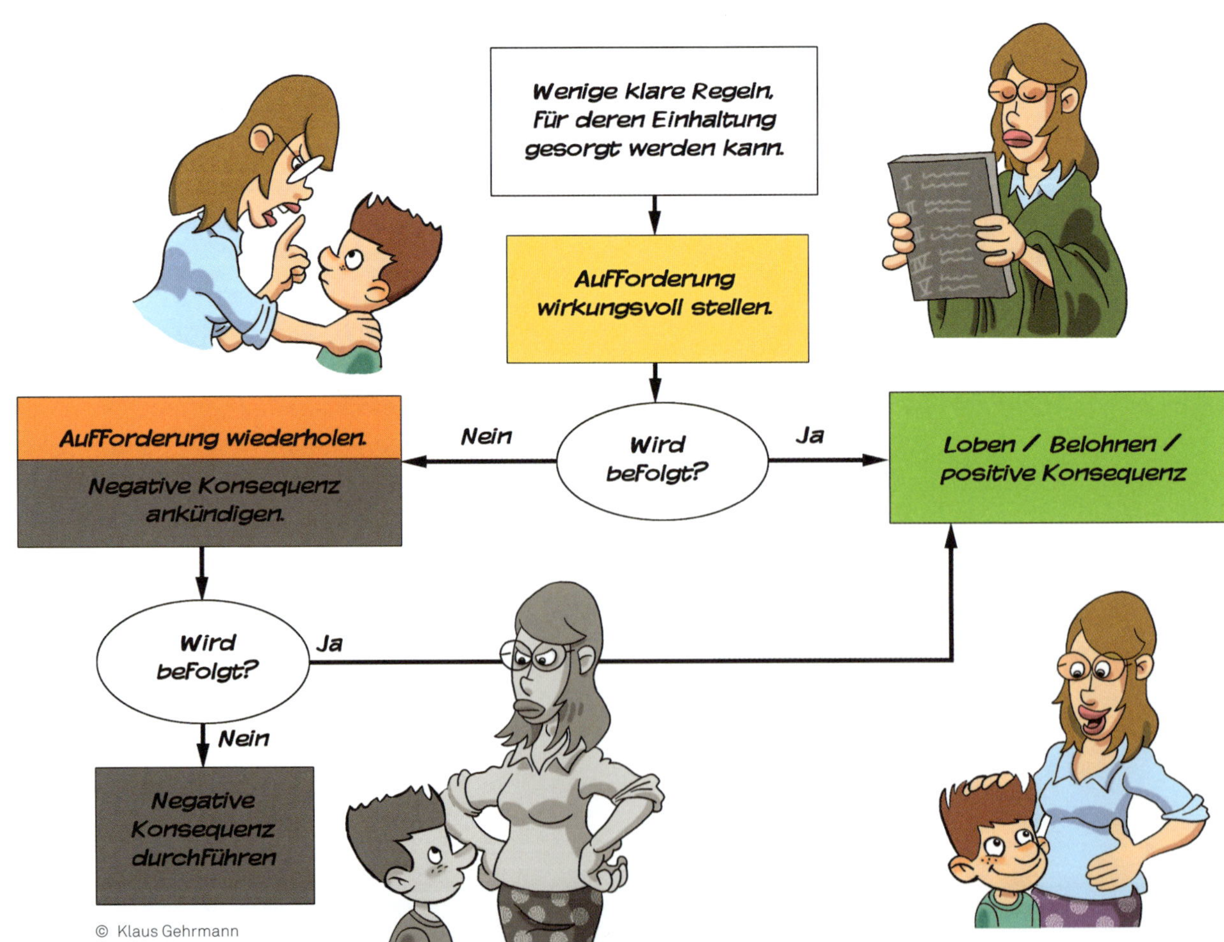

© Klaus Gehrmann

Das kann Ihnen helfen!

Teil 1: Geben Sie wirkungsvolle Aufforderungen!

© Klaus Gehrmann

Was zeichnet eine wirkungsvolle Aufforderung aus?
Unter Aufforderungen versteht man verbale und nonverbale Anweisungen an einen Schüler/eine Schülerin, die auf die Einhaltung vorab vereinbarter Regeln abzielen, jedoch auch spontan erfolgen können. Sie sollten nur dann eine Aufforderung stellen, wenn Sie anschließend dazu in der Lage sind, zu überprüfen, ob der Schüler/die Schülerin diese auch befolgt.

Die gleichen Punkte wie bei der Formulierung von Klassen- und individuellen Regeln sollten Sie auch beim Stellen wirkungsvoller Aufforderungen beachten.

Wirkungsvolle Aufforderungen

- sind klar und nicht als Frage oder Bitte formuliert,
- enthalten nur *eine* Anweisung, um eine Überforderung des Schülers/der Schülerin zu vermeiden,
- beziehen sich auf ein Zielverhalten und sind damit handlungsorientiert, sodass der Schüler/die Schülerin genau weiß, welche Handlung von ihm/ihr erwartet wird (z.B. besser „Räum deine Stifte in dein Mäppchen und bring den Müll in den Papierkorb!" statt „Hinterlasse deinen Platz ordentlich!"),
- sind positiv formuliert (z.B. „Häng deine Jacke auf!" statt „Lass deine Jacke nicht auf dem Boden liegen!"),
- sind durchsetzbar.

Im Folgenden werden wir Ihnen einige Hinweise geben, die Ihnen helfen können, Aufforderungen an Ihren Schüler/Ihre Schülerin so zu stellen, dass er/sie diese mit höherer Wahrscheinlichkeit auch befolgt.

1. Stellen Sie nur dann Aufforderungen, wenn Sie bereit sind, sie auch durchzusetzen.
Ein häufiges Problem besteht darin, dass Lehrkräfte ihren Schülern/Schülerinnen zu viele Aufforderungen stellen und gleichzeitig nicht dafür sorgen, dass sie auch eingehalten werden. Für die Schüler/Schülerinnen entsteht dann der Eindruck, dass Aufforderungen nicht besonders ernst zu nehmen sind. Stellen Sie daher nur Aufforderungen, wenn Sie sicher sind, dass Sie wirklich wollen, was Sie von Ihrem Schüler/Ihrer Schülerin fordern, und auch nur, wenn Sie bereit und in der Lage sind, Ihre Forderung auch durchzusetzen. Überlegen Sie sich schon im Vorhinein, was Sie tun werden, wenn Ihr Schüler/Ihre Schülerin Ihre Aufforderung nicht befolgt. Dies ist besonders wichtig bei Aufforderungen, denen Ihr Schüler/Ihre Schülerin häufig nicht nachkommt. Auf diesen Punkt werden wir ausführlich im nächsten Baustein eingehen. Sollten Sie in einer konkreten Situation nicht bereit oder in der Lage sein, für die Umsetzung der Aufforderung zu sorgen, sollten Sie diese Aufforderung in diesem Moment besser nicht stellen. Warum ist es besser, die Aufforderung dann gar nicht erst zu stellen? Der Lerneffekt für Ihren Schüler/Ihre Schülerin ist günstiger. Denn wenn Sie die Aufforderung trotzdem stellen, der Schüler/die Schülerin der Aufforderung aber nicht nachzukommen braucht, lernt er/sie, dass die Aufforderungen eigentlich nicht ernst zu nehmen sind. Wird die Aufforderung aber gar nicht erst gestellt, macht er/sie diese ungünstige Lernerfahrung nicht.

2. Sorgen Sie dafür, dass Ihr Schüler/Ihre Schülerin aufmerksam ist, wenn Sie die Aufforderung geben.

Gehen Sie zu Ihrem Schüler/Ihrer Schülerin, begeben Sie sich ggf. auf seine/ihre Höhe herunter und stellen Sie Blickkontakt her. Manchmal kann es auch günstig sein, Ihren Arm auf seine/ihre Schultern zu legen. Wenn Sie Ihrem Schüler/Ihrer Schülerin Ihre Aufforderung stattdessen nur von Weitem zurufen, können Sie nicht sicher sein, dass er/sie aufmerksam ist und Ihre Aufforderung auch als solche wahrnimmt. Zudem verdeutlichen Sie ihm/ihr mit Ihrer direkten Ansprache auch, dass es Ihnen wirklich wichtig ist, dass er/sie sich an die Aufforderung hält. Auch wenn dies für Sie zunächst sehr aufwendig sein kann, reduziert sich der Aufwand mittelfristig deutlich, wenn sich der Schüler/die Schülerin häufiger an Aufforderungen und Regeln hält.

3. Äußern Sie die Aufforderung eindeutig und nicht als Bitte.

Durch die Art, wie Sie Ihre Aufforderung stellen, sollte Ihr Schüler/Ihre Schülerin klar erkennen können, dass er/sie nicht frei entscheiden kann, ob er/sie der Aufforderung nachkommt oder nicht, sondern dass Sie wirklich wollen, was Sie von ihm/ihr fordern. Um dies zu erreichen, sprechen Sie die Aufforderung einfach und in einem neutralen Ton aus. Durch Ihre Stimme sollte Ihrem Schüler/Ihrer Schülerin klar werden, dass Ihnen die Aufforderung wichtig ist. Achten Sie aber darauf, keinen strafenden oder zu strengen Tonfall anzuschlagen. Beim Stellen der Aufforderung kommt es nicht darauf an, ob Sie das Wort „bitte“ verwenden, ein angemessener Tonfall ist das Entscheidende.

4. Geben Sie immer nur eine Aufforderung.

Den meisten Schülern/Schülerinnen gelingt es nur, sich eine oder höchstens zwei Aufforderungen auf einmal zu merken und diesen im Folgenden auch nachzukommen. Unterteilen Sie daher umfangreichere Aufgaben in kleinere Schritte, die Ihr Schüler/Ihre Schülerin schrittweise nacheinander erledigen kann. Bei jüngeren Schülern/Schülerinnen und Schülern/Schülerinnen mit stärker ausgeprägten Aufmerksamkeits-, Konzentrations- und Selbststeuerungsproblemen ist dies umso wichtiger. Mit solchen einfachen Aufforderungen geben Sie Ihrem Schüler/Ihrer Schülerin eine größere Chance, diesen nachzukommen und sich damit erwünscht zu verhalten. Gerade bei jüngeren oder sehr aufmerksamkeitsschwachen Schülern/Schülerinnen kann es auch Sinn machen, sich die Aufforderung wiederholen zu lassen. Auf diese Weise stellen Sie sicher, dass Ihr Schüler/Ihre Schülerin Ihre Aufforderung wirklich gehört und verstanden hat. Zudem können Sie so noch einmal betonen, wie wichtig Ihnen die Umsetzung der Aufforderung ist.

5. Bleiben Sie bei Ihrem Schüler/Ihrer Schülerin und überprüfen Sie, ob er/sie der Aufforderung nachkommt.

Manchmal kommt es vor, dass Lehrkräfte zwar gut darauf achten, dass ihr Schüler/ihre Schülerin ihre Aufforderung aufmerksam wahrnimmt, diese nicht zu schwierig und angemessen formuliert ist, dann aber in der konkreten Situation nicht überprüfen, ob ihr Schüler/ihre Schülerin die Aufforderung tatsächlich auch erfüllt. Sie sollten daher nach dem Stellen der Aufforderung in unmittelbarer Nähe Ihres Schülers/Ihrer Schülerin bleiben, um sicherzustellen, dass er/sie die Aufforderung befolgt. Kommt Ihr Schüler/Ihre Schülerin nach kurzer Zeit der Aufforderung nicht nach, wiederholen Sie diese noch einmal eindringlicher. Versuchen Sie jedoch, bei dieser Wiederholung nicht genervt oder ärgerlich zu klingen. Wenn Sie eine solche zweite Aufforderung stellen, lassen Sie diese von Ihrem Schüler/Ihrer Schülerin auf jeden Fall noch einmal in seinen eigenen Worten wiederholen.

6. Konzentrieren Sie sich zunächst nur auf die Aufforderungen, die auf die definierten Problemverhaltensweisen bezogen sind.

Eingeschliffene Gewohnheiten zu verändern, fällt besonders schwer. Daher sollten Sie sich zunächst auf einzelne ausgewählte Aufforderungen konzentrieren, die sich auf das Problemverhalten des jeweiligen Schülers/der jeweiligen Schülerin beziehen. Sie können dazu bewusst „Übungszeiten" einrichten, in denen Sie sich auf das Stellen weniger Aufforderungen konzentrieren und darauf achten, die genannten Hinweise zu beachten.

Wann können Sie kleine „Übungszeiten" in Ihren Schulalltag einplanen?

Im ersten Schritt sollten Sie sich passende Aufforderungen zu den ausgewählten Problemverhaltensweisen überlegen. Diese können Sie in die entsprechende Spalte der *Memokarte 3: Regeln und wirkungsvolle Aufforderungen* (siehe Abbildung 11 auf Seite 89) aus dem letzten Baustein eintragen. Wenn Sie aktuell noch unschlüssig sind, welche Konsequenzen für das Befolgen oder Nichtbefolgen einer Regel/Aufforderung sinnvoll sind, lassen Sie die beiden Spalten zu den Konsequenzen noch frei. Wir werden uns im zweiten Teil dieses Bausteins und im kommenden Baustein damit beschäftigen.

Arbeitsblatt 8 Baustein 6

Protokoll: Wirklungsvolle Aufforderungen

Name des Kindes: Lukas

Datum	Wortlaut der Aufforderung?	Wirkungsvoll gestellt?	Wie hat sich der Schüler/die Schülerin verhalten?	Wie haben Sie reagiert?
28.08.	„Lukas, fang mit der Aufgabe an!"	ja ☒ nein ☐	Lukas beginnt mit der Aufgabe.	Habe Lukas gelobt.
30.08.	„Lukas, fang mit der Aufgabe an!"	ja ☒ nein ☐	Lukas beginnt mit der Aufgabe.	Ich war mit anderen Kindern beschäftigt und habe nicht weiter auf Lukas reagiert.
04.09.	„Lukas, hefte deine Arbeitsblätter ab!"	ja ☒ nein ☐	Lukas hat zunächst nicht reagiert und mit seinem Nachbarn herumgealbert.	Lukas durfte erst in die Pause gehen, nachdem er seine Arbeitsblätter abgeheftet hatte.
		ja ☐ nein ☐		
		ja ☐ nein ☐		
		ja ☐ nein ☐		
		ja ☐ nein ☐		

Abbildung 12:
Ausgefülltes *Protokoll – Wirkungsvolle Aufforderungen* (Arbeitsblatt 8)

Natürlich können Sie nicht erwarten, dass Ihr Schüler/Ihre Schülerin von nun an alle Aufforderungen befolgt, wenn Sie sich an die in diesem Baustein beschriebenen Punkte halten. Vermutlich werden Sie allerdings schon nach kurzer Zeit einige Veränderungen bei Ihrem Schüler/Ihrer Schülerin feststellen können, wenn Sie diese Punkte beachten. Mithilfe des *Arbeitsblattes 8: Protokoll – Wirkungsvolle Aufforderungen* (siehe Abbildung 12) können Sie am Ende einer Übungszeit die Umsetzung reflektieren. Notieren Sie dafür einerseits, ob Sie die Aufforderung auch wirkungsvoll gestellt haben, und den genauen Wortlaut der Aufforderung. Außerdem können Sie die Reaktion des Schülers/der Schülerin sowie Ihre eigene Reaktion auf das gezeigte Verhalten des Schülers/der Schülerin notieren.

Teil 2: Sparen Sie nicht mit Lob!

Ein besonders wichtiger Punkt bei der Einhaltung von Regeln und Aufforderungen sind das Lob und das Setzen anderer positiver Konsequenzen. Indem Sie Aufforderungen wirkungsvoll stellen, schaffen Sie eine bedeutende Grundlage dafür, dass Ihr Schüler/Ihre Schülerin sich erwünscht verhalten kann. Für langfristige Veränderungen im Verhalten Ihres Schülers/Ihrer Schülerin ist es aber zudem wichtig, dass sie ihm/ihr kontinuierlich zeigen, dass Sie sich freuen, wenn er/sie Ihre Aufforderungen befolgt. Dafür müssen Sie das erwünschte Verhalten entsprechend beachten. Sicherlich ist dies gerade bei einem unaufmerk-

© Klaus Gehrmann

samen, impulsiven oder hyperaktiven Kind keine einfache Aufgabe, da man insbesondere bei diesen Kindern schnell froh ist, wenn sie sich etwas unauffälliger verhalten und man endlich ungestört den Unterricht fortsetzen kann. Entsprechend verständlich ist es, wenn Sie als Pädagogin/Pädagoge ganz erleichtert sind und die Zeit nutzen, um sich mit etwas anderem zu beschäftigen, zu dem Sie bislang nicht gekommen sind. Auch der Lehrerin von Lukas aus unserem Beispiel geht es so. Manchmal sagt sie in einer solchen Situation zu Lukas fast ärgerlich: „Warum denn nicht gleich so?“ Durch einen solchen Kommentar fühlt sich Lukas aber eher kritisiert als ermuntert! Schüler/Schülerinnen machen dann die Erfahrung, dass es sich nicht „lohnt“, das zu tun, was die Lehrkräfte sagen.

Fällt bei Ihnen das Lob auch manchmal unter den Tisch, wenn Ihr Schüler/Ihre Schülerin endlich einer Aufforderung nachkommt?

Im Folgenden geht es darum, wie Sie Ihrem Schüler/Ihrer Schülerin für erwünschtes Verhalten lobend Anerkennung zeigen können. Auch wenn Ihnen wahrscheinlich viele der Punkte schon bekannt vorkommen und Sie viele der Hinweise bereits in Ihrer praktischen Arbeit umsetzen, möchten wir Ihnen vorschlagen, die folgenden Empfehlungen noch einmal Schritt für Schritt durchzugehen.

1. Denken Sie daran, wirkungsvolle Aufforderungen zu stellen.

Achten Sie darauf, dass Sie Aufforderungen nur dann stellen, wenn Sie bereit und in der Lage sind, diese auch durchzusetzen. Denken Sie daran, Aufforderungen eindeutig zu stellen, und vergewissern Sie sich der Aufmerksamkeit Ihres Schülers/Ihrer Schülerin. Achten Sie anschließend darauf, ob Ihr Schüler/Ihre Schülerin der Aufforderung nachkommt. Schauen Sie sich noch einmal die Hinweise aus dem ersten Teil dieses Bausteins an.

Können Sie sich noch an die Hinweise für wirkungsvolle Aufforderungen erinnern?

2. Loben Sie Ihren Schüler/Ihre Schülerin oder setzen Sie eine andere positive Konsequenz, sobald er/sie eine Aufforderung befolgt!

Wenn Ihr Schüler/Ihre Schülerin eine Aufforderung befolgt, dann ist es wichtig, dass Sie ihm/ihr sofort eine positive Rückmeldung geben. Bleiben Sie also bei Ihrem Schüler/Ihrer Schülerin, nachdem Sie ihm/ihr eine Aufforderung gegeben haben, und loben Sie ihn/sie, wenn er/sie beginnt, Ihre Anweisungen zu erfüllen. Manche Lehrkräfte sind der Ansicht, dass sie eigentlich nur Selbstverständliches von ihrem Schüler/ihrer Schülerin erwarten und ein Lob entsprechend nicht angebracht oder sinnvoll ist.

Unserer Meinung nach ist es jedoch richtig und wichtig, ein erwünschtes Verhalten immer dann zu loben, wenn man den Schüler/die Schülerin auch kritisieren oder tadeln würde, wenn er/sie in der gleichen Situation der Aufforderung nicht nachkäme.

Selbstverständlich sollte dies bei allen Schülern und Schülerinnen so gehandhabt werden. Besonders relevant ist dies jedoch bei einem Schüler/einer Schülerin mit Aufmerksamkeits-, Konzentrations- und Selbststeuerungsproblemen. Aufgrund seiner/ihrer mangelnden Selbststeuerungsfähigkeiten ist er/sie besonders auf eine Außensteuerung durch Lob angewiesen. Außerdem müssen Sie ihm/ihr möglicherweise auch häufig negative Rückmeldungen geben und können es nur durch eine hinreichend hohe Anzahl an positiven Rückmeldungen vermeiden, dass die Beziehung zu dem Schüler/der Schülerin ins Negative kippt. Insbesondere bei Kindern mit ADHS hat sich ein solches Vorgehen in vielen Untersuchungen zur Wirkung von Erziehung als günstig erwiesen. Dabei müssen Sie Ihren Schüler/Ihre Schülerin nicht jedes Mal überschwänglich oder „über den grünen Klee loben", wenn er/sie eine Regel oder Aufforderung befolgt. Zeigen Sie ihm/ihr aber kontinuierlich, dass Sie sich darüber freuen. Solche kurzen positiven Rückmeldungen helfen Ihnen auch, nicht in den Teufelskreis zu geraten, mit Ihrem Schüler/Ihrer Schülerin nur noch ermahnend und schimpfend umzugehen und ihm/ihr kaum noch etwas Positives zu sagen.

Sie können Ihren Schüler/Ihre Schülerin mit Worten, aber auch durch Ihr Verhalten loben.

Beispiele für ein kurzes Lob

- Sie klopfen Ihrem Schüler/Ihrer Schülerin auf die Schulter.
- Sie lächeln Ihren Schüler/Ihre Schülerin an und nicken ihm/ihr zu.
- Sie sagen einfach: „Danke."
- Sie sagen: „Es ist schön, wenn du tust, was ich dir sage."
- „Ich freue mich, wenn du das so schön machst."
- „Das klappt ja super!"
- Sie zeigen dem Schüler/der Schülerin wie ein Sporttrainer einen „Daumen hoch!"

Sie können Ihrem Schüler/Ihrer Schülerin auch direkt eine Belohnung oder eine Vergünstigung als positive Konsequenz geben. Wie das Lob sollten auch diese anderen positiven Konsequenzen unmittelbar auf das erwünschte Verhalten erfolgen oder zumindest direkt angekündigt werden. Es ist günstig, wenn diese Konsequenzen, falls möglich, im Zusammenhang mit dem erwünschten Verhalten Ihres Schülers/Ihrer Schülerin stehen.

Beispiele für andere positive Konsequenzen

- Ihr Schüler/Ihre Schülerin darf als Erster/Erste mit dem Vorlesen beginnen, wenn er/sie seinen/ihren Platz aufgeräumt hat.
- Ihr Schüler/Ihre Schülerin darf aussuchen, welches Spiel am Ende des Sportunterrichts gespielt wird, wenn er/sie sich beim Brennball an die Regeln gehalten hat.
- Ihr Schüler/Ihre Schülerin darf beim Aufstellen für den Raumwechsel vorneweg gehen, wenn er/sie in der vorherigen Stunde seinen/ihren Sitznachbarn nicht gestört hat.

Über welche Art und Weise der Anerkennung würde sich Ihr Schüler/Ihre Schülerin freuen? Welche Art positiver Rückmeldungen und Vergünstigungen könnten Sie sich vorstellen? Denken Sie einmal darüber nach und geben Sie ihm/ihr dieses Lob und diese Anerkennung. Nehmen Sie noch einmal *Arbeitsblatt 8: Protokoll – Wirkungsvolle Aufforderungen* aus dem ersten Teil dieses Bausteins zur Hand und notieren Sie, wie Sie reagiert haben, wenn sich der Schüler/die Schülerin Ihrer Aufforderung entsprechend verhalten hat. Reflektieren Sie Ihr Verhalten, insbesondere in Bezug auf die hier vermittelten Inhalte zum Thema Lob und zu anderen positiven Konsequenzen.

Haben Sie Ihren Schüler/Ihre Schülerin in der Vergangenheit gelobt oder haben Sie auf erwünschtes Verhalten eher nicht reagiert?

Welche Art von Lob oder anderen positiven Konsequenzen können Sie sich bei Ihnen und Ihrem Schüler/Ihrer Schülerin vorstellen?

3. Besprechen Sie zu einem ruhigen günstigen Zeitpunkt zusammen mit Ihrem Schüler/Ihrer Schülerin noch einmal, welche Aufforderungen und Regeln er/sie an diesem Tag beachtet hat.

Besprechen Sie beispielsweise am Ende des Schultages (oder auch zu einem anderen Zeitpunkt) zusammen mit Ihrem Schüler/Ihrer Schülerin noch einmal besonders, welche Regeln und Aufforderungen er/sie in der Schulzeit gut befolgen konnte. Damit verdeutlichen Sie ihm/ihr noch einmal, wie sehr Sie es schätzen und wie sehr Sie sich freuen, wenn er/sie Ihren Aufforderungen und Regeln nachkommen kann. Sie sollten auch hier wieder hauptsächlich rückmelden, was gelungen ist. Sollten Aufforderungen und Regeln zur Sprache kommen, an die Ihr Schüler/Ihre Schülerin sich nicht halten konnte, ermuntern Sie ihn/sie, beim nächsten Mal auch auf diese zu achten. Sicherlich ist es für Sie in Ihrem Schulalltag nicht immer einfach, freie Zeit für ein solches Gespräch zu finden. Es wäre jedoch schön, wenn Sie versuchen könnten, dies fest in Ihren Schulalltag zu integrieren.

Können Sie sich vorstellen, diese kurze Rückmeldung in Ihren Schulalltag einzuführen? Wann könnte diese bei Ihnen stattfinden?

4. Loben Sie Ihren Schüler/Ihre Schülerin ganz besonders, wenn er/sie eine Aufgabe erfüllt hat, ohne dass Sie ihn/sie darum direkt gebeten haben.
Sollte Ihr Schüler/Ihre Schülerin einmal eine Aufgabe ohne Aufforderung von sich aus freiwillig ausführen, hat er/sie sich hier natürlich ein *Extra-Lob* verdient. Neben einer Verbesserung der Beziehung zu Ihrem Schüler/Ihrer Schülerin können solche positiven Rückmeldungen dazu beitragen, dass Ihr Schüler/Ihre Schülerin auch einmal eine Aufgabe übernimmt, ohne dass Sie ihn/sie ausdrücklich dazu auffordern. Wenn Sie den Eindruck haben, dass Ihr Schüler/Ihre Schülerin fast immer mit „Nein“ auf Ihre Aufforderungen und Bitten reagiert, ist dieser Punkt besonders wichtig.

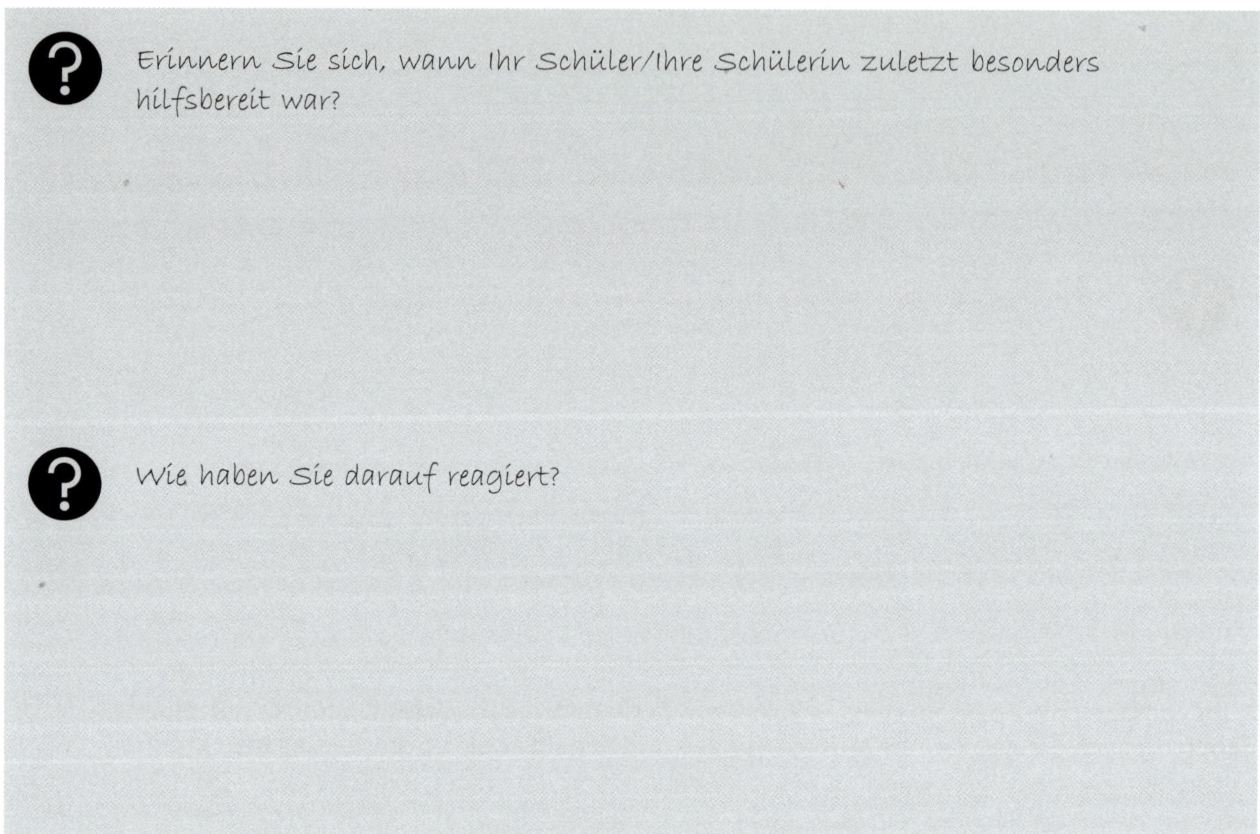

5. Konzentrieren Sie sich zunächst nur auf wenige Aufforderungen.
Nehmen Sie sich noch einmal *Memokarte 2: Klassenregeln* und *Memokarte 3: Regeln und wirkungsvolle Aufforderungen* aus Baustein 5 zur Hand, auf denen Sie sich Regeln für Ihre gesamte Klasse sowie Regeln und Aufforderungen für einen einzelnen Schüler/eine einzelne Schülerin notiert hatten. In die Spalten „Konsequenzen bei Einhaltung der Regel“ auf den Memokarten 2 und 3 können sie ein mögliches Lob oder eine andere positive Konsequenz für die Befolgung einer Regel bzw. Aufforderung eintragen.

In Bezug auf Ihren einzelnen Schüler/Ihre einzelne Schülerin sollten Sie sich zunächst auf die Regeln bzw. Aufforderungen, die Sie auf Memokarte 3 notiert hatten, konzentrieren. Sollten dies Aufforderungen sein, die Sie sehr häufig aussprechen müssen, beschränken Sie sich zunächst nur auf eine und versuchen Sie, die hier genannten Punkte zum Lob und zu anderen positiven Konsequenzen umzusetzen.

Natürlich können Sie weiterhin nicht erwarten, dass Ihr Schüler/Ihre Schülerin von nun an alle Aufforderungen befolgt, wenn Sie sich an die in diesem Baustein beschriebenen Punkte halten. Vermutlich werden Sie allerdings schon nach kurzer Zeit einige Veränderungen im Verhalten Ihres Schülers/Ihrer Schülerin feststellen können, wenn Sie diese Punkte beachten. Protokollieren Sie Ihre Erfahrungen am Ende einer Stunde oder eines Schultages in der *Memokarte 4: Loben Sie Ihren Schüler/Ihre Schülerin!*

Memokarte 4 **Baustein 6**

Loben Sie Ihren Schüler/Ihre Schülerin!

1. Denken Sie daran, wirkungsvolle Aufforderungen zu stellen.
2. Loben Sie Ihren Schüler/Ihre Schülerin oder setzen Sie eine andere positive Konsequenz, sobald er/sie eine Aufforderung befolgt.
3. Besprechen Sie zu einem ruhigen günstigen Zeitpunkt zusammen mit Ihrem Schüler/Ihrer Schülerin noch einmal, welche Aufforderungen und Regeln er/sie an diesem Tag beachtet hat.
4. Loben Sie Ihren Schüler/Ihre Schülerin ganz besonders, wenn er/sie eine Aufgabe erfüllt hat, ohne dass Sie ihn/sie darum direkt gebeten haben.
5. Konzentrieren Sie sich zunächst nur auf wenige Aufforderungen:

Aufforderung/Regel	Lob/Positive Konsequenz
1. Nach der Aufforderung der Lehrerin beginnt Lukas sofort mit seinen Aufgaben.	1. & 2. Lob oder nonverbales Zeichen der Anerkennung; wenn möglich, an einzelnen Tagen auch kleine Vergünstigungen (z. B. Vorlesegeschichte aussuchen)
2. Lukas beschäftigt sich in Stillarbeitsphasen ruhig mit seinen Aufgaben. Wenn er etwas benötigt, meldet er sich, um die Lehrkraft um Hilfe zu bitten.	

Memokarte 4 **Baustein 6**

Loben Sie Ihren Schüler/Ihre Schülerin! (Protokoll)

Datum	Wortlaut der Aufforderung	Wurde die Aufforderung wirkungsvoll gestellt?	Was hat der Schüler/die Schülerin gemacht?	Wie haben Sie darauf reagiert?
11.09.	„Lukas, fang mit der Aufgabe an!"	ja	Lukas hat mit der Aufgabe begonnen.	Habe Lukas gelobt.
13.09.	„Lukas, beschäftige dich ruhig mit deinem Arbeitsblatt. Wenn du Hilfe brauchst, melde dich."	ja	Lukas hat sich zunächst ruhig mit seiner Arbeit beschäftigt, dann aber seinem Klassenkameraden die Stifte weggenommen.	Ich habe ihm nach kurzer Zeit gesagt, dass ich mich freue, wie gut er das macht. Als er seinem Klassenkameraden die Stifte weggenommen hat, habe ich ihn an die Regel erinnert und ihn nach kurzer Zeit wieder gelobt.
15.09.	„Lukas, hefte deine Arbeitsblätter ab!"	ja	Lukas hat zunächst nicht reagiert, nach der zweiten Aufforderung aber die Arbeitsblätter abgeheftet.	Ich habe die Aufforderung noch einmal ruhig wiederholt und ihn gelobt, als er die Arbeitsblätter abgeheftet hat.

Abbildung 13:
Loben Sie Ihren Schüler/Ihre Schülerin! (Memokarte 4)

(siehe Abbildung 13). Dabei sollten Sie insbesondere Ihre Reaktion in Situationen reflektieren, in denen der Schüler/die Schülerin Ihre Aufforderung befolgt hat. Möglicherweise stellen Sie eine Veränderung Ihrer Reaktion fest, wenn Sie diese mit Ihren Notizen auf *Arbeitsblatt 8: Protokoll – Wirkungsvolle Aufforderungen* (siehe Abbildung 12 auf Seite 102) vergleichen.

Sicherlich ist es in Ihrem stressigen Alltag nicht immer einfach, darauf zu achten, wirkungsvolle Aufforderungen zu stellen und konsequent mit einem Lob oder einer positiven Konsequenz zu reagieren, wenn Ihr Schüler/Ihre Schülerin sich erwünscht verhält. Seien Sie geduldig, auch wenn Ihnen dies nicht immer direkt gelingt oder Erfolge zeigt; längerfristig werden Sie nach unseren Erfahrungen mit weniger Konflikten belohnt!

Fällt es Ihnen leicht, dem Schüler/der Schülerin ein Lob auszusprechen oder ihm/ihr eine andere positive Konsequenz zu geben?

Platz für Ihre Bemerkungen/Fragen:

Arbeitsblatt 8

Baustein 6

Protokoll: Wirklungsvolle Aufforderungen

Name des Kindes: ______________________

Datum	Wortlaut der Aufforderung?	Wirkungsvoll gestellt?	Wie hat sich der Schüler/ die Schülerin verhalten?	Wie haben Sie reagiert?
		ja ☐ nein ☐		
		ja ☐ nein ☐		
		ja ☐ nein ☐		
		ja ☐ nein ☐		
		ja ☐ nein ☐		
		ja ☐ nein ☐		
		ja ☐ nein ☐		

Memokarte 4 **Baustein 6**

Loben Sie Ihren Schüler/Ihre Schülerin!

1. Denken Sie daran, wirkungsvolle Aufforderungen zu stellen.
2. Loben Sie Ihren Schüler/Ihre Schülerin oder setzen Sie eine andere positive Konsequenz, sobald er/sie eine Aufforderung befolgt.
3. Besprechen Sie zu einem ruhigen günstigen Zeitpunkt zusammen mit Ihrem Schüler/Ihrer Schülerin noch einmal, welche Aufforderungen und Regeln er/sie an diesem Tag beachtet hat.
4. Loben Sie Ihren Schüler/Ihre Schülerin ganz besonders, wenn er/sie eine Aufgabe erfüllt hat, ohne dass Sie ihn/sie darum direkt gebeten haben.
5. Konzentrieren Sie sich zunächst nur auf wenige Aufforderungen:

Aufforderung/Regel	Lob/Positive Konsequenz

Memokarte 4 | Baustein 6

Loben Sie Ihren Schüler/Ihre Schülerin! (Protokoll)

Datum	Wortlaut der Aufforderung	Wurde die Aufforderung wirkungsvoll gestellt?	Was hat der Schüler/ die Schülerin gemacht?	Wie haben Sie darauf reagiert?

Baustein 7

Konsequenzen gehören dazu!

Materialien zum Baustein 7
Memokarte 5: Setzen Sie natürliche negative Konsequenzen!

→ Sie finden die Materialien am Ende des Bausteins (s. Seite 125) und als PDF-Download (s. Seite 153).

Kennen Sie das?

Obwohl Lukas' Lehrerin immer wieder Regeln mit ihm bespricht und ihm erklärt, warum sie wichtig sind, und obwohl sie jetzt sehr darauf achtet, ihn regelmäßig zu loben, wenn er Absprachen einhält, gibt es immer wieder Regeln und Aufforderungen, die er nicht befolgt. Lukas weiß aber oft auch gar nicht, woran er bei seiner Lehrerin ist. So reagiert seine Lehrerin an manchen Tagen überhaupt nicht, wenn er seine Fußballkarten auf dem Tisch liegen hat. Sie guckt ihn nur wortlos an oder verdreht die Augen und macht einfach weiter. An anderen Tagen wiederum wird sie in der gleichen Situation richtig sauer und motzt ihn an, stellt ihn vor der Klasse bloß und macht ihm einen Eintrag ins Mitteilungsheft.

Fällt es Ihnen schwer, regelmäßig negative Konsequenzen erfolgen zu lassen, wenn ein Problemverhalten auftritt?

Was wollen wir mit diesem Baustein erreichen?

Liebe Pädagoginnen und Pädagogen,

insbesondere bei der Erziehung von Kindern mit ADHS ist es wichtig, bei bestimmten Themen eine konsequente Haltung zu finden, d. h. die Einhaltung von Regeln und Aufforderungen zu überprüfen und regelmäßig positive und, wenn notwendig, auch negative Konsequenzen folgen zu lassen. Im letzten Baustein haben wir Ihnen vermittelt, wie Sie wirkungsvolle Aufforderungen stellen und positive Konsequenzen einsetzen können, wenn Ihr Schüler/Ihre Schülerin Regeln oder Aufforderungen befolgt. In diesem Baustein zeigen wir Ihnen nun, wie Sie natürliche negative Konsequenzen einsetzen können, wenn Ihr Schüler/Ihre Schülerin nicht das tut, wozu Sie ihn/sie auffordern, oder wenn er/sie eine vereinbarte Regel verletzt. Wichtig ist, dass Sie jedes Mal, wenn Ihr Schüler/Ihre Schülerin sich nicht an eine Aufforderung oder Regel hält, die negative Konsequenz folgen lassen, nicht nur, wenn Sie das unerwünschte Verhalten Ihres Schülers/Ihrer Schülerin gerade als besonders störend empfinden. Natürlich kann es manchmal vorkommen, dass Sie so erschöpft sind, dass Sie nicht die Kraft haben, auch noch eine negative Konsequenz durchzuführen – das ist sehr verständlich! Damit Ihr Schüler/Ihre Schülerin lernt, Regeln und Aufforderungen nachzukommen, ist aber gerade diese Beständigkeit sehr wichtig. Verzichten Sie lieber auf eine Aufforderung, wenn Sie einmal keine Kraft mehr haben sollten, eine negative Konsequenz durchzuführen. Dies können Sie auch gegenüber Ihrem Schüler/Ihrer Schülerin ausdrücken, zum Beispiel so: „Heute habe ich keine Kraft und Nerven mehr, dafür zu sorgen, dass du die Sammelkarten wegräumst, damit du dich besser konzentrieren kannst. Ich freue mich, wenn du es tust, aber ich kann mich jetzt nicht darum kümmern.“ Sollte Ihr Schüler/Ihre Schülerin dann „freiwillig“ die Sammelkarten wegräumen, sollten Sie natürlich mit Lob nicht sparen.

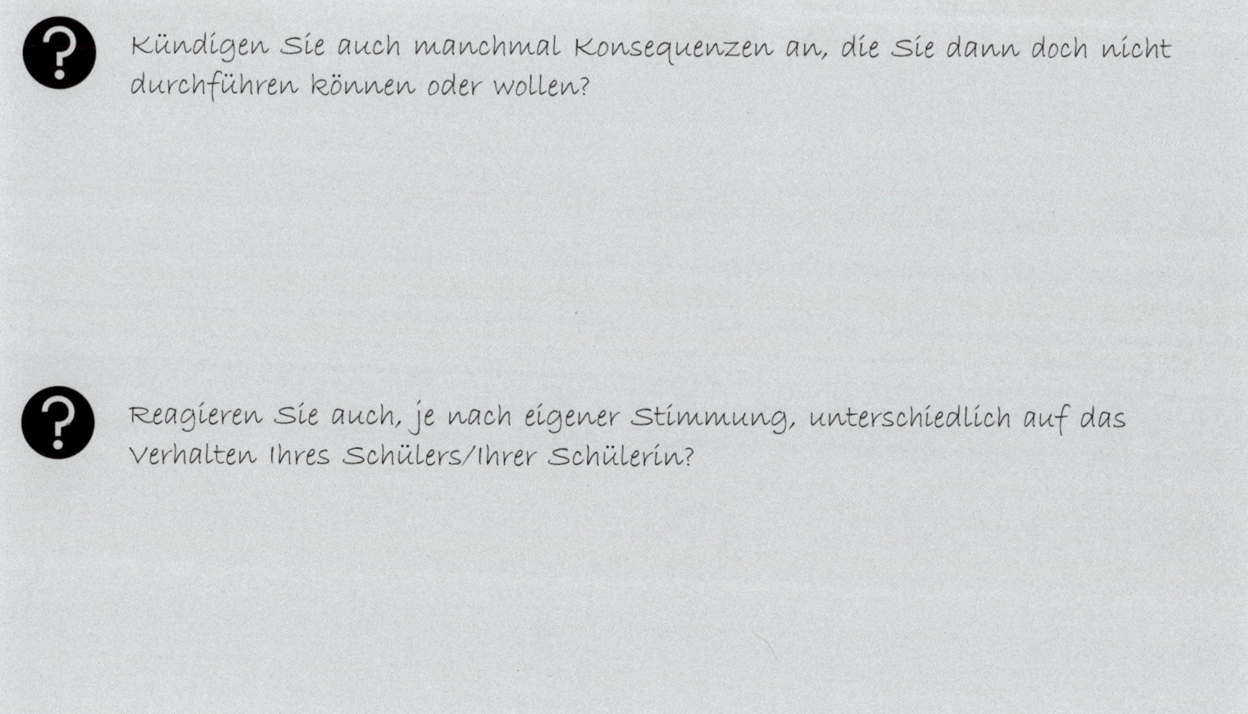

Die folgende Abbildung zeigt erneut die verschiedenen Schritte zum Ausbruch aus dem Teufelskreis. Regeln aufstellen, Aufforderungen wirkungsvoll stellen und Loben sowie andere positive Konsequenzen haben wir in den letzten Bausteinen besprochen. Neu hinzu kommt in diesem Baustein das Setzen natürlicher negativer Konsequenzen, wenn Ihr Schüler/Ihre Schülerin eine Aufforderung nicht befolgt. Unsere Abbildung ist damit jetzt vollständig.

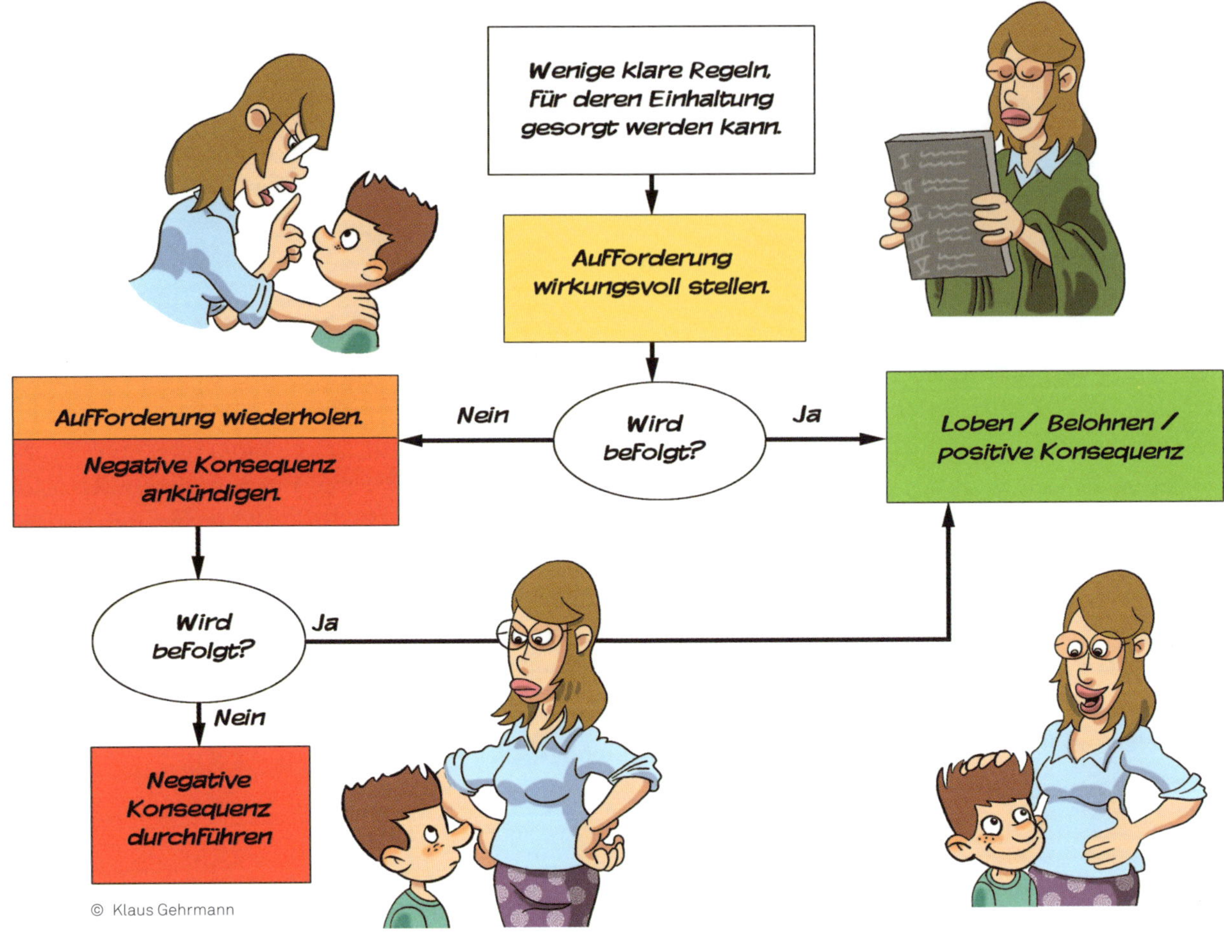

© Klaus Gehrmann

Das kann Ihnen helfen!

Setzen Sie natürliche negative Konsequenzen, wenn Ihr Schüler/Ihre Schülerin Aufforderungen und Regeln nicht befolgt!

Viele Lehrkräfte von Kindern mit Verhaltensproblemen finden es schwer, auf die häufigen Regelverstöße ihrer Schüler/Schülerinnen regelmäßig und angemessen zu reagieren. Das haben wir auch in unserem Beispiel gesehen: Mal stört es Lukas' Lehrerin sehr, wenn er seine Fußballkarten auf dem Tisch hat, mal ist es ihr aber auch egal. Die Reaktion der Lehrkraft auf den Regelverstoß hängt also teilweise davon ab, wie sehr sie sich darüber geärgert hat. So kommt es vor, dass Lehrkräfte manchmal keine Konsequenz auf ein Verhaltensproblem folgen lassen und zu einem anderen Zeitpunkt auf dasselbe Problem sehr streng reagieren. Manchmal drohen Pädagoginnen/Pädagogen auch Konsequenzen an, die sie dann gar nicht oder nur teilweise umsetzen.

© Klaus Gehrmann

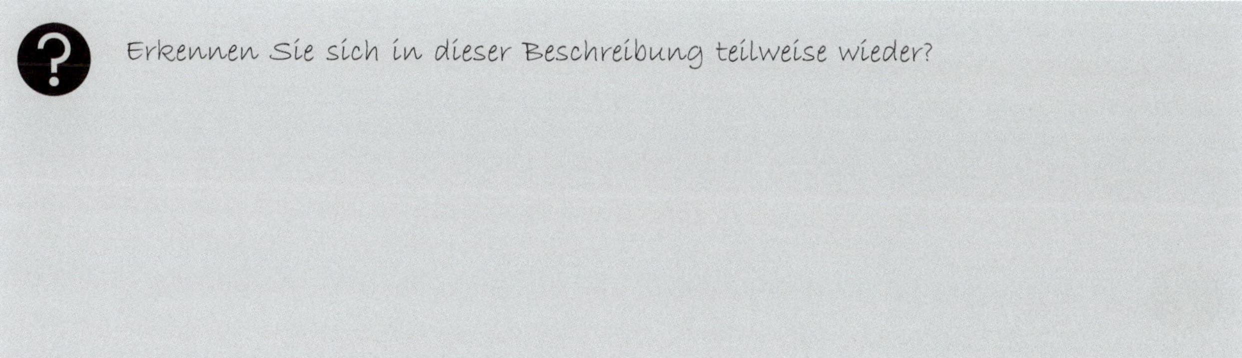

Im Folgenden geben wir Ihnen einige Hinweise, die Ihnen helfen sollen, auf die Verhaltensprobleme Ihres Schülers/Ihrer Schülerin sogenannte „natürliche Konsequenzen“ folgen zu lassen und diese regelmäßig anzuwenden. Mit „natürlich“ ist gemeint, dass die Konsequenzen sich möglichst aus dem Problemverhalten ergeben oder mit diesem in Zusammenhang stehen sollten. Sicherlich wird Ihnen auch hier wieder einiges bekannt vorkommen, und viele Punkte werden Sie bestimmt auch schon umsetzen. Dennoch möchten wir Ihnen an dieser Stelle noch einmal vorschlagen, die einzelnen Hinweise durchzugehen und Ihr eigenes Handeln zu reflektieren.

1. Loben Sie Ihren Schüler/Ihre Schülerin oder setzen Sie eine andere positive Konsequenz, wenn er/sie Aufforderungen und Regeln einhält.

Denken Sie daran, Ihren Schüler/Ihre Schülerin zu loben oder mit einer anderen positiven Konsequenz zu verstärken, wenn er/sie sich an Regeln und Aufforderungen hält (siehe Baustein 6). Wenn Sie auf unangemessenes Verhalten eine negative Konsequenz folgen lassen, ist es sehr wichtig, dass Sie im ersten Schritt immer auch positives Verhalten entsprechend anerkennen. Nur durch diese positiven Rückmeldungen und Bestätigungen kann sich das erwünschte Verhalten Ihres Schülers/Ihrer Schülerin wirklich und längerfristig festigen.

Können Sie sich mit dem Gedanken anfreunden, dass Lob genauso wichtig sein soll wie negative Konsequenzen?

2. Achten Sie bei der Auswahl negativer Konsequenzen darauf, dass sie auch umsetzbar sind.
Negative Konsequenzen müssen folgende Eigenschaften haben:

a) Negative Konsequenzen müssen durchführbar sein!
Sprechen Sie nur negative Konsequenzen aus, die Sie auch durchführen können bzw. zu deren Durchführung Sie bereit sind. Ungünstig wäre es beispielsweise, Ihrem Schüler/Ihrer Schülerin ein Pausenverbot anzukündigen, wenn Sie eigentlich keine Möglichkeit haben, ihn/sie zu beaufsichtigen oder beaufsichtigen zu lassen. Eine günstigere Alternative wäre hier beispielsweise, ihn/sie eine Minute später oder als Letzten/Letzte in die Pause gehen zu lassen. Denken Sie schon im Vorfeld darüber nach, welche negativen Konsequenzen Sie wirklich für durchführbar halten.

Welche Konsequenzen fallen Ihnen ein, die Sie manchmal aussprechen, obwohl Sie für die Durchführung nicht garantieren können?

b) Negative Konsequenzen müssen sofort erfolgen!
Negative Konsequenzen sind umso wirkungsvoller, je näher sie zeitlich am Problemverhalten durchgeführt werden. Natürlich kann es vorkommen, dass eine Konsequenz nicht sofort erfolgen kann. Kündigen Sie Ihrem Schüler/Ihrer Schülerin in einem solchen Fall die negative Konsequenz jedoch unmittelbar an und führen Sie sie dann zum nächstmöglichen Zeitpunkt durch. Ein Beispiel könnte sein: „Du hast das ganze Bastelmaterial unordentlich in den Schrank geworfen, so finden wir in der nächsten Stunde nicht wieder, was wir brauchen. Weil ich jetzt in eine andere Klasse muss, kann ich mich nicht darum kümmern, dass du den Schrank wieder aufräumst, ich komme aber in der Pause hierher zurück und dann holst du es nach!"

c) Negative Konsequenzen müssen regelmäßig erfolgen!

Die entscheidende Voraussetzung für eine längerfristige Verhaltensänderung Ihres Schülers/Ihrer Schülerin ist die Regelmäßigkeit, mit der eine Konsequenz durchgeführt wird, nicht die Härte. Nur durch regelmäßige und konstante negative Konsequenzen macht Ihr Schüler/Ihre Schülerin die Erfahrung, dass sein/ihr unangemessenes Verhalten nicht akzeptiert wird, und lernt, sich angemessen zu verhalten.

Können Sie sich vorstellen, auf eine Situation immer auf dieselbe Weise zu reagieren? Was erscheint Ihnen dabei schwierig? Sehen Sie dabei konkrete Probleme?

3. Beachten Sie verschiedene Formen von natürlichen negativen Konsequenzen.

Es lassen sich verschiedene Formen natürlicher negativer Konsequenzen unterscheiden:

a) Wiedergutmachung und Entschuldigung

Der Schüler/die Schülerin muss den Schaden, der durch das Problemverhalten entstanden ist, „wiedergutmachen" und sollte sich ggf. für sein/ihr Fehlverhalten entschuldigen:

- Der Schüler/die Schülerin ersetzt den zerbrochenen Bleistift.
- Der Schüler/die Schülerin putzt den verschütteten Kakao auf.
- Der Schüler/die Schülerin hebt das heruntergeworfene Federmäppchen auf.

Welche problematische Situation in Ihrem Alltag würde sich für eine „Wiedergutmachung" eignen?

b) Ausschluss aus der Situation

Sofern dies der schulische Rahmen zulässt, kann der Schüler/die Schülerin aus der Situation kurzzeitig ausgeschlossen werden, in der sich das Problemverhalten entwickelt hat:

- Der Schüler/die Schülerin muss den Klassenraum verlassen und in einen „Auszeitraum" oder „Trainingsraum".
- Der Schüler/die Schülerin muss, falls möglich, in der Pause im Klassenraum oder draußen auf dem Schulhof bei der Aufsicht führenden Lehrkraft bleiben.
- Das Kind, das den Spielablauf mehrfach gestört hat, wird für ein paar Minuten vom gemeinsamen Spiel ausgeschlossen.

Welche problematische Situation in Ihrem Schulalltag würde sich für einen „Ausschluss aus der Situation" eignen?

Das Problemverhalten kann durch den Ausschluss aus der Situation zunächst unterbrochen werden. Allerdings ist der Ausschluss nur dann eine wirksame negative Konsequenz, wenn Ihr Schüler/Ihre Schülerin ihn auch als unangenehm erlebt. Der Ausschluss muss nicht lange andauern, Sie sollten eine Mindestzeitspanne jedoch schon vorher festlegen. Pro Lebensjahr sollte diese Zeit als Faustregel etwa eine Minute betragen, also bei einem achtjährigen Schüler beispielweise etwa 8 Minuten. Ist diese Zeit abgelaufen, sollte Ihr Schüler/Ihre Schülerin die Möglichkeit haben, den Ausschluss von sich aus zu beenden, wenn er/sie der Meinung ist, dass er/sie sich jetzt an die Regel/Aufforderung halten kann.

c) Entzug von Privilegien

Sie können Ihrem Schüler/Ihrer Schülerin Dinge entziehen, die er/sie besonders gerne mag oder besonders gerne hat. Am günstigen ist es, wenn der Entzug solcher Privilegien mit dem Problemverhalten in Verbindung steht:

- Der Schüler/die Schülerin darf erst in die Pause, wenn er/sie seine/ihre Arbeitsmaterialien weggeräumt hat.
- Der Schüler/die Schülerin darf nur neben seinem Freund/ihrer Freundin sitzen, wenn er/sie diesen/diese in Ruhe arbeiten lässt.

Achten Sie darauf, Ihrem Schüler/Ihrer Schülerin bei problematischem Verhalten solche „alltäglichen" Privilegien zu entziehen, die möglichst zeitnah auf das Problemverhalten folgen (ungünstig wäre es, die Teilnahme am Ausflug im nächsten Monat zu streichen, was je nach Problemverhalten vielleicht auch zu hart wäre).

Welche Privilegien könnten Sie Ihrem Schüler/Ihrer Schülerin nach einem Regelverstoß entziehen?

d) Einengung des Handlungsspielraums

Besonders bei jüngeren Kindern kann es sinnvoll sein, die negative Konsequenz nicht durch Worte, sondern durch Handlungen zu setzen:

- Sie führen die Hand Ihres Schülers/Ihrer Schülerin zu dem Arbeitsblatt, welches er/sie abheften soll.
- Sie führen das Kind an der Hand zu seinem Sitzplatz.

In welchen problematischen Situationen können Sie sich vorstellen, dass diese Methode bei Ihrem Schüler/Ihrer Schülerin hilfreich ist?

4. Erarbeiten Sie für die von Ihnen ausgewählten Regeln und Aufforderungen die natürlichen negativen Konsequenzen.

Nehmen Sie die *Memokarte 2: Klassenregeln* und die *Memokarte 3: Regeln und wirkungsvolle Aufforderungen* aus Baustein 5 zur Hand. Notieren Sie für jede der ausgewählten Klassenregeln und Problemverhaltensweisen des einzelnen Schülers/der einzelnen Schülerin in der Spalte „Konsequenzen bei Nichteinhaltung der Regel“ eine natürliche negative Konsequenz bzw. überdenken Sie noch einmal bereits eingetragene Konsequenzen.

Bedenken Sie, dass natürliche Konsequenzen

- sich möglichst *direkt* aus dem Problemverhalten ergeben sollen,
- *durchführbar* sein müssen,
- *sofort* erfolgen sollen,
- *regelmäßig* erfolgen sollen.

5. Durchführung der negativen Konsequenz

Beachten Sie die folgenden Schritte, wenn Ihr Schüler/Ihre Schülerin sich nicht an eine Regel oder Aufforderung hält:

Schritt 1: Benennen Sie zunächst die Regelverletzung und kündigen Sie die negative Konsequenz an (z. B.: „Du hast deinen Mitschüler verletzt, du musst nun für den Rest der Pause drinnen bleiben.“).

Schritt 2: Falls das Problemverhalten noch andauert, geben Sie Ihrem Schüler/Ihrer Schülerin eine Chance, sich erwünscht zu verhalten (z. B. Ihr Schüler/Ihre Schülerin beginnt nicht mit der Aufgabe). Befolgt Ihr Schüler/Ihre Schülerin jetzt die Aufforderung, denken Sie daran, ihn/sie dafür zu loben. Achten Sie darauf, ein „echtes“ Lob zu geben (in dem Beispiel: statt „Wäre schön, wenn das das nächste Mal direkt klappt“ lieber „Klasse, dass du deine Aufgabe machst!“).

Schritt 3: Bieten Sie Ihrem Schüler/Ihrer Schülerin die Möglichkeit, sich zu der Regelverletzung zu äußern (bspw. „Ich habe Max weh getan, weil er mich beleidigt hat.").

Schritt 4: Falls notwendig, begründen Sie noch einmal kurz die Regel („Das war nicht richtig von ihm, das werde ich mit ihm besprechen, das darf aber trotzdem kein Grund sein, jemanden zu verletzen!").

Schritt 5: Führen Sie die negative Konsequenz durch („Du entschuldigst dich bei ihm und er entschuldigt sich bei dir und ihr bleibt beide für den Rest der Pause drinnen!").

6. Führen Sie keine langen Diskussionen mit Ihrem Schüler/Ihrer Schülerin.
Damit es nicht zu Missverständnissen und Ungerechtigkeiten kommt, sollte Ihr Schüler/Ihre Schülerin sich zwar kurz zu der problematischen Situation äußern dürfen. Achten Sie aber darauf, sich nicht auf Grundsatzdiskussionen über die Regel selbst einzulassen! Sollte tatsächlich einmal eine ausführlichere Diskussion einer Regel erforderlich sein, führen Sie solche Gespräche in einer ruhigen Atmosphäre und nicht unmittelbar während des Problemverhaltens.

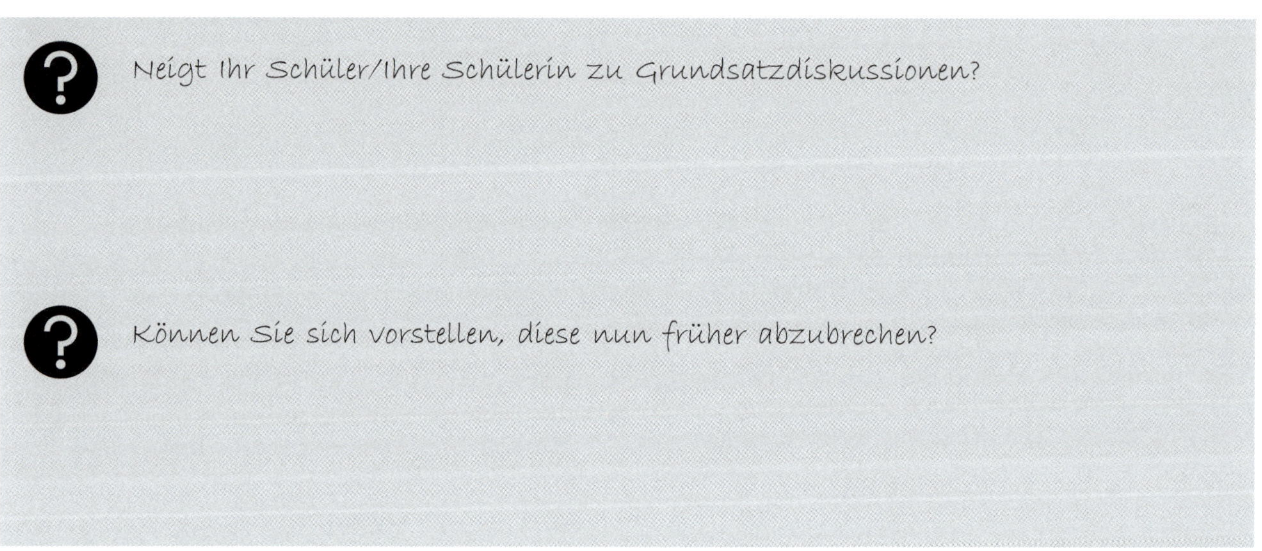

7. Führen Sie die negative Konsequenz möglichst ruhig durch.
Sicherlich ist es keine einfache Aufgabe, negative Konsequenzen immer ruhig und gelassen durchzuführen. Bedenken Sie aber, dass Aufregen und Schimpfen in der Regel keine hilfreichen Durchsetzungsstrategien sind, sondern hauptsächlich dazu dienen, dem eigenen Ärger „Luft zu machen". Negative Konsequenzen werden in der Regel wirksamer sein, wenn Sie sie bestimmt, aber mit Ruhe ausführen.

8. Konzentrieren Sie sich zunächst nur auf wenige Aufforderungen oder Regeln.
Konzentrieren Sie sich zunächst nur auf die ein oder zwei Aufforderungen, die sich auf die Problemverhaltensweisen beziehen, die Sie sich für die Arbeit mit diesem Programm ausgesucht haben. Tragen Sie diese ausgewählten Aufforderungen und die entsprechenden natürlichen Konsequenzen auf der *Memokarte 5: Setzen Sie natürliche negative Konsequenzen!* (siehe Abbildung 14) ein, wenden Sie die natürlichen negativen Konsequenzen im Schulalltag an und protokollieren Sie Ihre Erfahrungen.

Memokarte 5 **Baustein 7**

Setzen Sie natürliche negative Konsequenzen!

1. Loben Sie Ihren Schüler/Ihre Schülerin oder setzen Sie eine andere positive Konsequenz, wenn er/sie Aufforderungen und Regeln einhält.
2. Achten Sie bei der Auswahl negativer Konsequenzen darauf, dass sie auch umsetzbar sind:
   - Negative Konsequenzen müssen durchführbar sein!
   - Negative Konsequenzen müssen sofort erfolgen!
   - Negative Konsequenzen müssen regelmäßig erfolgen!
3. Beachten Sie verschiedene Formen von natürlichen negativen Konsequenzen:
   - Wiedergutmachung und Entschuldigung
   - Ausschluss aus der Situation
   - Entzug von Privilegien
   - Einengung des Handlungsspielraums
4. Konzentrieren Sie sich zunächst nur auf wenige Aufforderungen oder Regeln und erarbeiten Sie für diese die natürliche negative Konsequenz:

Aufforderung/Regel	Negative Konsequenz
1. Bei Aufforderung direkt mit Aufgaben beginnen	Nacharbeiten nicht geschaffter Aufgaben als Hausaufgabe
2. Ruhiges Arbeiten in Stillarbeitsphasen, bei Schwierigkeiten aufzeigen (nicht anderen Kindern Materialien wegnehmen)	Wenn andere Kinder gestört werden: wegsetzen; ggf. Nacharbeiten nicht geschaffter Aufgaben als Hausaufgabe (ggf. in Absprache mit den Eltern)

5. Führen Sie die natürliche Konsequenz wie folgt durch, wenn sich der Schüler/die Schülerin nicht an die Regel/Aufforderung hält:
   - Benennen Sie die Regelverletzung und kündigen Sie die negative Konsequenz an.
   - Geben Sie dem Schüler/der Schülerin die Chance, zu reagieren. Kommt Ihr Schüler/Ihre Schülerin jetzt der Aufforderung nach, so loben Sie ihn/sie dafür.
   - Geben Sie dem Schüler/der Schülerin die Möglichkeit, sich zu einer Regelverletzung zu äußern.
   - Begründen Sie, wenn nötig, noch einmal kurz die Regel.
   - Führen Sie die negative Konsequenz durch.
6. Führen Sie keine langen Diskussionen mit Ihrem Schüler/Ihrer Schülerin.
7. Führen Sie die negative Konsequenz möglichst ruhig durch.

Memokarte 5 **Baustein 7**

Setzen Sie natürliche negative Konsequenzen! (Protokoll)

Datum	Wortlaut der Aufforderung	Wurde die Aufforderung wirkungsvoll gestellt?	Was hat der Schüler/die Schülerin gemacht?	Wie haben Sie darauf reagiert?
04.09.	„Lukas, fang mit der Aufgabe an!"	ja	Lukas hat weiter gestört und die Aufgabe nicht beendet.	Lukas musste die Aufgabe als Hausaufgabe nacharbeiten.
05.09.	„Lukas, bearbeite ruhig deine Aufgaben. Melde dich, wenn du etwas brauchst!"	ja	Auch nach zweimaliger Aufforderung hat Lukas weiterhin seinen Sitznachbarn geärgert, indem er ihm Stifte und Spitzer weggenommen hat.	Ich habe Lukas an einen Einzelplatz gesetzt.
08.09.	„Lukas, hefte deine Arbeitsblätter ab!"	ja	Lukas hat sich verweigert und diskutiert.	Lukas konnte erst in die Pause gehen, nachdem er die Arbeitsblätter abgeheftet hatte.

Abbildung 14:
Setzen Sie natürliche negative Konsequenzen! (Memokarte 5)

Wir sind uns bewusst, dass gerade die Umsetzung negativer Konsequenzen nicht immer einfach ist und viel Zeit und Kraft von Ihnen fordert, gerade, da Sie sich neben dem Kind mit Aufmerksamkeits-, Konzentrations- und Selbststeuerungsproblemen ja auch noch um andere Schüler und Schülerinnen kümmern müssen. Wir möchten Sie jedoch ermutigen, zu prüfen, ob Sie die in diesem Baustein genannten Punkte wie von uns beschrieben oder in ähnlicher Form bereits anwenden oder anwenden können. Nach unserer Erfahrung lohnt sich der anfängliche Aufwand, der mit der Umstellung Ihres Verhaltens verbunden ist, da sich durch solche Änderungen häufig Problemverhaltensweisen günstig beeinflussen lassen und Sie damit insgesamt entlastet werden!

Memokarte 5 **Baustein 7**

Setzen Sie natürliche negative Konsequenzen!

1. Loben Sie Ihren Schüler/Ihre Schülerin oder setzen Sie eine andere positive Konsequenz, wenn er/sie Aufforderungen und Regeln einhält.
2. Achten Sie bei der Auswahl negativer Konsequenzen darauf, dass sie auch umsetzbar sind:
   - Negative Konsequenzen müssen durchführbar sein!
   - Negative Konsequenzen müssen sofort erfolgen!
   - Negative Konsequenzen müssen regelmäßig erfolgen!
3. Beachten Sie verschiedene Formen von natürlichen negativen Konsequenzen:
   - Wiedergutmachung und Entschuldigung
   - Ausschluss aus der Situation
   - Entzug von Privilegien
   - Einengung des Handlungsspielraums
4. Konzentrieren Sie sich zunächst nur auf wenige Aufforderungen oder Regeln und erarbeiten Sie für diese die natürliche negative Konsequenz:

Aufforderung/Regel	Negative Konsequenz
1.	
2.	

5. Führen Sie die natürliche Konsequenz wie folgt durch, wenn sich der Schüler/die Schülerin nicht an die Regel/Aufforderung hält:
   - Benennen Sie die Regelverletzung und kündigen Sie die negative Konsequenz an.
   - Geben Sie dem Schüler/der Schülerin die Chance, zu reagieren. Kommt Ihr Schüler/Ihre Schülerin jetzt der Aufforderung nach, so loben Sie ihn/sie dafür.
   - Geben Sie dem Schüler/der Schülerin die Möglichkeit, sich zu einer Regelverletzung zu äußern.
   - Begründen Sie, wenn nötig, noch einmal kurz die Regel.
   - Führen Sie die negative Konsequenz durch.
6. Führen Sie keine langen Diskussionen mit Ihrem Schüler/Ihrer Schülerin.
7. Führen Sie die negative Konsequenz möglichst ruhig durch.

Memokarte 5 Baustein 7

Setzen Sie natürliche negative Konsequenzen! (Protokoll)

Datum	Wortlaut der Aufforderung	Wurde die Aufforderung wirkungsvoll gestellt?	Was hat der Schüler/ die Schülerin gemacht?	Wie haben Sie darauf reagiert?

Baustein 8

Wenn Lob alleine nicht ausreicht: Punkte-Plan oder Wettkampf um lachende Gesichter

Materialien zum Baustein 8
Arbeitsblatt 9: Mein Punkte-Plan (Spielregeln)
Arbeitsblatt 10: Meine Punkte-Schlange
Arbeitsblatt 11: Mein Punkte-Konto
Arbeitsblatt 12: Wettkampf um lachende Gesichter (Spielregeln)
Arbeitsblatt 13: Wettkampf um lachende Gesichter (Spielplan)

→ Sie finden die Materialien am Ende des Bausteins (s. Seite 148) und als PDF-Download (s. Seite 153).

Kennen Sie das?

Schon in der ersten Stunde geht es los. Lukas kommt zu spät und „poltert" in die Klasse. Es herrscht danach eine riesige Unruhe und die Lehrerin von Lukas ist eigentlich die ersten 20 Minuten nur damit beschäftigt, die Klasse wieder zu beruhigen. Als eine Schülerin dann etwas vorlesen soll, plappert Lukas ständig dazwischen und gibt irgendwelche Kommentare von sich. Noch dazu hat er sein Lesebuch vergessen. Die anderen Kinder können nicht mehr folgen und finden das Verhalten von Lukas auch noch komisch. Als die Klasse dann zu der vorgelesenen Geschichte ein Arbeitsblatt bearbeiten soll, ist Lukas mit seinen Fußballkarten beschäftigt und lenkt seine Tischnachbarn ab. Als es endlich zur Pause klingelt, ist die Lehrerin einfach nur froh, dass die Stunde nun vorbei ist. Lukas knüllt sein Arbeitsblatt in den Schulranzen, obwohl er es abheften soll.

Lukas' Lehrerin achtet mittlerweile sehr darauf, Lukas zu loben, wenn er sich an eine Regel oder Aufforderung hält. Manche Situationen bleiben aber dennoch einfach zu schwierig. Insbesondere bei Problemen, die es schon lange gibt und die sehr festgefahren sind, schaffen es weder Lukas noch seine Lehrerin, aus dem Teufelskreis herauszukommen. Die beiden geraten in solchen Situationen einfach immer wieder aneinander und sind am Ende beide genervt und enttäuscht.

Was wollen wir mit diesem Baustein erreichen?

Liebe Pädagoginnen und Pädagogen,

obwohl viele Lehrkräfte darauf achten, ihre Schüler/Schülerinnen regelmäßig zu loben, wenn sie etwas gut gemacht haben oder sich an Regeln und Aufforderungen halten, gibt es manchmal dennoch Aufforderungen oder Aufgaben, denen die Schüler/Schülerinnen nicht nachkommen. Besonders, wenn das Problemverhalten schon sehr lange auftritt und entsprechend stabil ist, ist es manchmal nicht ausreichend, einen Schüler/eine Schülerin durch ein Lob oder eine andere positive Konsequenz dazu zu motivieren, sich an Regeln und Aufforderungen zu halten. Manche Pädagoginnen/Pädagogen haben wiederum vielleicht auch Schwierigkeiten, einen Schüler/eine Schülerin in ihrem stressigen Alltag regelmäßig zu loben, auch wenn sie es sich fest vorgenommen haben. Für solche Fälle wollen wir Ihnen im Folgenden zwei unterschiedliche Belohnungspläne vorstellen: den *Punkte-Plan* und den *Wettkampf um lachende Gesichter*.

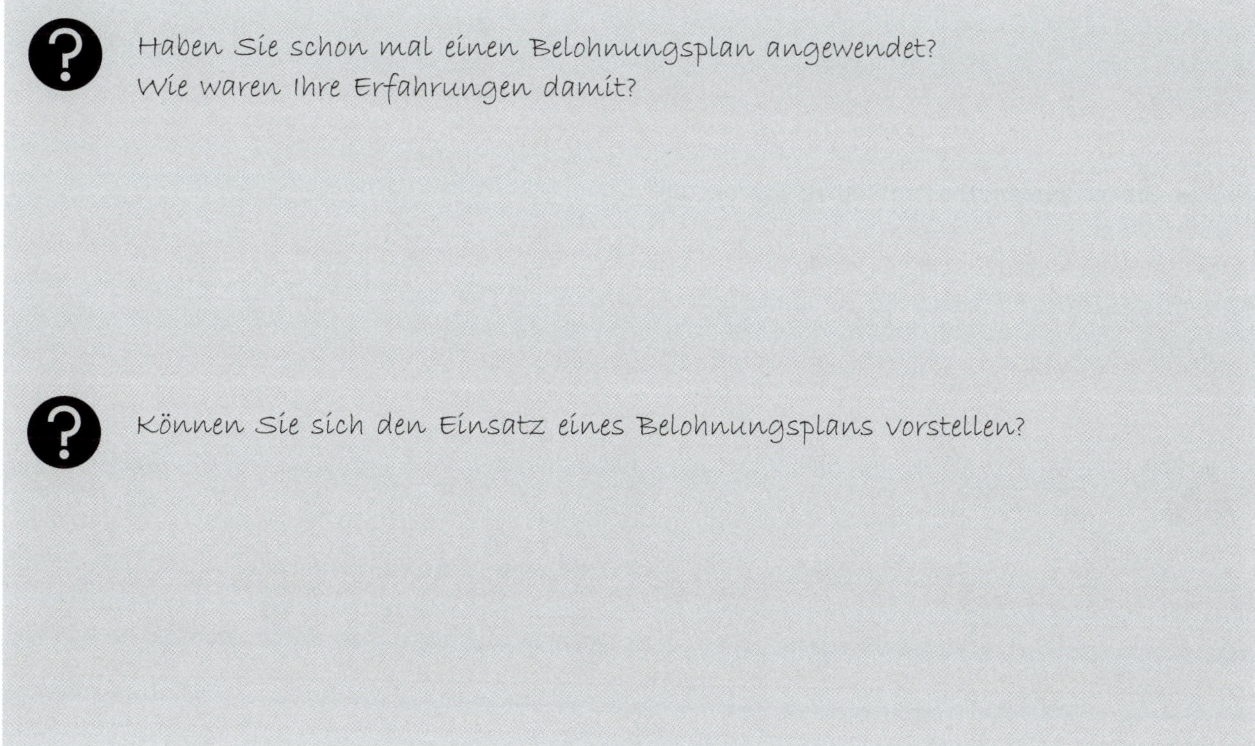

Manche Pädagoginnen/Pädagogen sehen Belohnungspläne kritisch, weil sie es nicht gut finden, sich das Verhalten ihres Schülers/ihrer Schülerin zu „erkaufen“. Sie sind der Meinung, der Schüler/die Schülerin müsse dies aus Überzeugung tun bzw., „weil es doch eigentlich selbstverständlich ist“, und er/sie verdiene dafür keine Extrabelohnung. Die besonderen Probleme mit einem besonderen Schüler/einer besonderen Schülerin erfordern jedoch besondere Maßnahmen. Wenn sich schwierige Verhaltensweisen verfestigt haben und die Lehrkraft nur noch im Teufelskreis feststeckt, lassen sich Verhaltensänderungen nur schwer herbeiführen. In solchen Fällen hat es sich als sehr hilfreich herausgestellt, mit einem „Spiel“ wie dem *Punkte-Plan* oder dem *Wettkampf um lachende Gesichter* eine Veränderung der Situation zu erreichen. Da sich das Problemverhalten so festgefahren hat, fällt die Verhaltensänderung Ihrem Schüler/Ihrer Schülerin auch wirklich schwer. Er/sie verdient daher auch einen Anreiz in Form von Belohnungen. Wenn Sie die „richtigen“ Belohnungen aussuchen, werden Sie nicht das Gefühl entwickeln, das Verhalten Ihres Schülers/Ihrer Schülerin zu „erkaufen“. Zudem soll der Belohnungsplan die Verhaltensänderung anstoßen und nicht „über die gesamte Schulzeit“ fortgeführt werden, aber dazu erfahren Sie später mehr.

Haben Sie auch Bedenken wegen eines Belohnungsplans? Oder können Sie nachvollziehen, dass Schüler/Schülerinnen manchmal einen zusätzlichen Anreiz zur Verhaltensänderung brauchen?

Bevor Sie sich für einen der beiden Belohnungspläne entscheiden, sollten Sie Folgendes tun:

Wählen Sie ein geeignetes Problemverhalten aus.
Wählen Sie zunächst eine aus Ihren zwei definierten Problemverhaltensweisen aus, die Sie verändern möchten. Beim ersten Einsatz eines Belohnungsplanes ist es leichter, wenn Sie vielleicht nicht direkt das schwierigste Problemverhalten auswählen, aber dennoch eines, das Ihnen wichtig ist.

Im ersten Teil dieses Bausteins stellen wir Ihnen den *Punkte-Plan* vor.

Verwenden Sie den **Punkte-Plan**,

- wenn Sie das angemessene Verhalten ganz klar in einer Regel beschreiben können und
- wenn das Kind die Regel nur ein- bis dreimal am Tag einhalten muss (z.B. pünktlich zum Unterricht kommen, Stuhl hochstellen etc.).

Der zweite Teil dieses Bausteins beschreibt den *Wettkampf um lachende Gesichter*.

Der **Wettkampf um lachende Gesichter** ist vor allem dann zu empfehlen,

- wenn das unerwünschte Verhalten sehr häufig auftritt und
- vor allem das häufige Auftreten ein Problem ist (z.B. häufiges Fluchen, permanentes in die Klasse Rufen oder ständiges Aufstehen während des Unterrichts).

Bei beiden Belohnungsplänen hat es sich als günstig erwiesen, anfangs maximal zwei verschiedene Verhaltensprobleme herauszugreifen.

Beim *Punkte-Plan* bekommt der Schüler/die Schülerin immer dann einen Punkt, wenn er/sie eine bestimmte Regel eingehalten hat. Beim *Wettkampf um lachende Gesichter* wird ihm/ihr ein Punkt entzogen, wenn er/sie das Problemverhalten zeigt. Die übrig gebliebenen Punkte können später in Belohnungen eingetauscht werden. Während der *Punkte-Plan* also ein reiner Belohnungsplan ist, handelt es sich bei dem

Wettkampf um lachende Gesichter um eine Kombination aus milder negativer Konsequenz und Belohnung. Wissenschaftliche Untersuchungen haben gezeigt, dass viele Kinder mit Aufmerksamkeits-, Konzentrations- und Selbststeuerungsproblemen auf diese Interventionen sehr gut ansprechen und dass sich dadurch problematisches Verhalten auch dauerhaft vermindern lässt.

Entscheiden Sie jetzt, ob Sie einen *Wettkampf um lachende Gesichter* durchführen wollen oder lieber einen *Punkte-Plan*.

Sie sollten sich für eine der beiden Methoden entscheiden, da es nicht günstig ist, wenn zwei Belohnungspläne parallel durchgeführt werden. Zu einem späteren Zeitpunkt könnten Sie dann gegebenenfalls auch den zweiten Belohnungsplan anwenden. Falls Sie Probleme mit der Entscheidung haben, können Sie natürlich auch beide Teile in Ruhe durchlesen und danach auswählen.

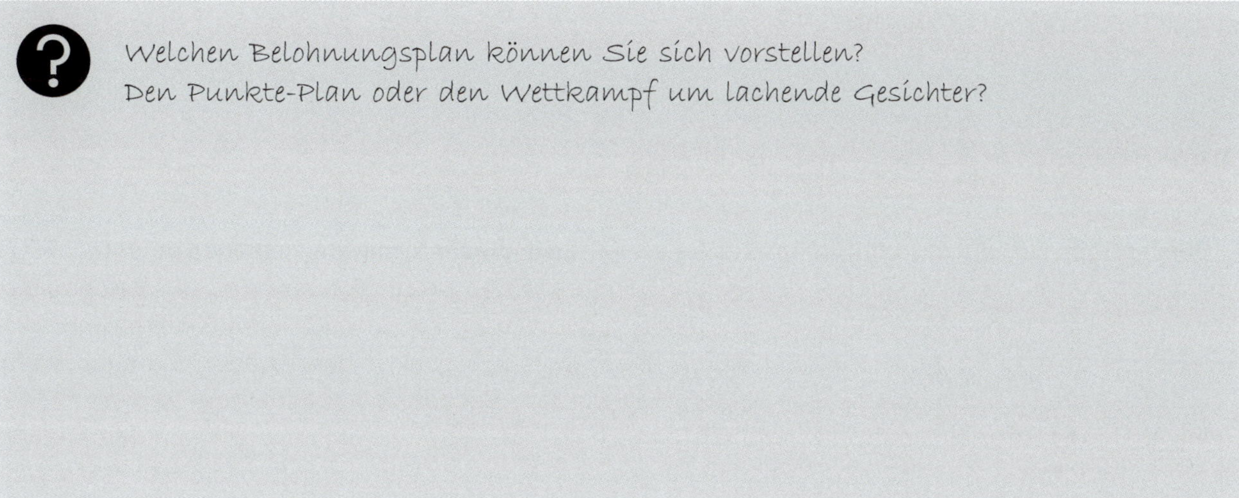

Das kann Ihnen helfen!

Teil 1: Der Punkte-Plan

Der *Punkte-Plan* bietet Lehrkräften die Möglichkeit, ihren Schülern/Schülerinnen eine zusätzliche Motivation zu geben, ihren Aufforderungen nachzukommen. Damit verleihen sie diesen Aufforderungen auch mehr Bedeutung. Im Punkte-Plan werden eine oder mehrere Regeln festgelegt. Wenn der Schüler/die Schülerin sich an diese Regeln hält, kann er/sie sich Punkte „verdienen". Die Lehrkraft gibt dem Schüler/der Schülerin unmittelbar nach dem erwünschten Verhalten ein „Lob" in Form von Punkten und verstärkt ihn/sie so für sein/ihr Verhalten. Zu einem späteren Zeitpunkt kann der Schüler/die Schülerin diese Punkte dann in Belohnungen umtauschen.

Die Entwicklung des Punkte-Plans

1. Beschreiben Sie, wie das unproblematische Verhalten in dieser Situation aussehen müsste.
Ausgangspunkt ist die Beschreibung des Problemverhaltens, das Sie zur Durchführung des Belohnungsplans ausgewählt haben. Beschreiben Sie möglichst genau, wie das erwünschte Verhalten Ihres Schülers/Ihrer Schülerin in der Situation aussehen würde. Wie müsste er/sie sich in der Situation verhalten, damit Sie das Verhalten als unproblematisch einschätzen würden? Bei dem in der Einleitung zu diesem Baustein genannten Beispiel könnte ein erwünschtes Verhalten so lauten: „Mein Schüler räumt Materialien, die nicht zur Aufgabe gehören, weg, bearbeitet die gestellte Aufgabe ruhig und heftet sein Arbeitsblatt ab." Die genaue Definition des erwünschten Verhaltens, d.h. der Verhaltensregel, ist für die spätere Punktevergabe sehr wichtig.

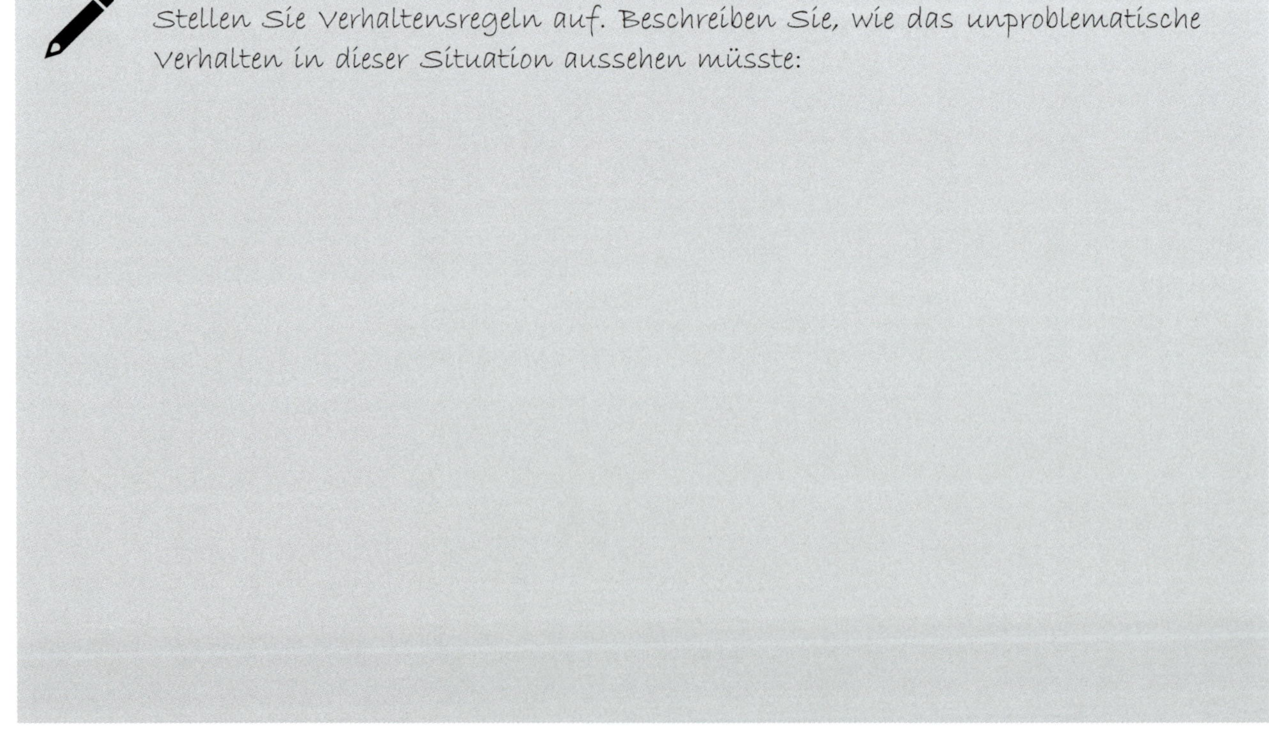

2. Wählen Sie die Art der Punkte aus, die Ihr Schüler/Ihre Schülerin bekommt, wenn er/sie sich angemessen verhält.

Besprechen Sie gemeinsam mit Ihrem Schüler/Ihrer Schülerin, was Sie ihm/ihr als unmittelbare Belohnung geben, wenn er/sie in der vereinbarten Situation das erwünschte Verhalten zeigt. Günstig sind oft einfache Klebepunkte, Klebebildchen oder auch Stempel, die Ihr Schüler/Ihre Schülerin auf seinen/ihren Punkte-Plan kleben oder stempeln kann. Eine weitere Möglichkeit wäre, die Punkte einfach aufzumalen, als Sterne, Blumen oder was Ihnen und Ihrem Schüler/Ihrer Schülerin gefällt!

3. Bestimmen Sie die Verhaltensweisen, für die es einen Punkt gibt.

Besprechen Sie gemeinsam mit Ihrem Schüler/Ihrer Schülerin, für welche Verhaltensweisen er/sie einen Punkt bekommen kann. Der Schüler in unserem Beispiel könnte einen Punkt bekommen, wenn er den Arbeitsauftrag vollständig (nicht benötigtes Material wegräumen, ruhig das Arbeitsblatt bearbeiten, Arbeitsblatt abheften) erledigt hat. Allerdings ist es in der Regel wirkungsvoller, dem Schüler/der Schülerin schon dann einen Punkt zu geben, wenn Teile seines/ihres Verhaltens unproblematisch sind. So vermeiden Sie eine Überforderung, die unter Umständen zu Misserfolg führt. Beispielsweise könnte die gemeinsame Absprache mit Ihrem Schüler/Ihrer Schülerin lauten, dass Sie ihm/ihr einen Punkt geben, wenn er/sie nicht benötigte Materialien wegräumt, und einen zweiten Punkt, wenn er/sie die Aufgabe ruhig erledigt hat. Einen dritten Punkt könnte er/sie bekommen, wenn er/sie das Arbeitsblatt abgeheftet hat. Damit es keine Missverständnisse oder Unstimmigkeiten gibt, müssten Sie möglicherweise noch genau festlegen, was mit „ruhig erledigen" gemeint ist. In diesem Beispiel könnte sich der Schüler/die Schülerin in dieser Stunde bis zu drei Punkte verdienen. Diese Aufteilung von umfangreichen Situationen in mehrere kleine Schritte ist wichtig, da sie es Ihnen ermöglicht, den Schüler/die Schülerin für jedes angemessene Verhalten unmittelbar in der Situation einzeln zu belohnen. Für die Punktevergabe ist es dabei sehr günstig, wenn Sie in der Nähe Ihres Schülers/Ihrer Schülerin bleiben. So können Sie schon bei Beginn des erwünschten Verhaltens direkt positiv mit der Vergabe eines Punktes reagieren. Gleichzeitig kann Ihre Anwesenheit besonders zu Beginn einen festen Rahmen für Ihren Schüler/Ihre Schülerin schaffen, der zu einem besseren Erfolg des Punkte-Planes beiträgt. Tragen Sie die vereinbarten erwünschten Verhaltensweisen und die Anzahl der Punkte, die Ihr Schüler/Ihre Schülerin für die einzelnen Verhaltensweisen bekommen kann, in das *Arbeitsblatt 9: Mein Punkte-Plan (Spielregeln)* ein (siehe Abbildung 15 auf Seite 134).

Arbeitsblatt 9 Baustein 8

Mein Punkte-Plan (Spielregeln)

Ich erhalte Klebebilder/Punkte, wenn ich es schaffe, folgende Regeln einzuhalten:

Regeln	Anzahl der Punkte
1. Zu Beginn der Stunde liegen auf meinem Tisch nur Materialien, die ich brauche, alles andere räume ich in den Ranzen oder den Schrank.	1
2. Spätestens nach der zweiten Aufforderung der Lehrerin beginne ich mit meinen Aufgaben.	1
3. Ich bearbeite meine Aufgaben ruhig.	1
4. Wenn ich fertig bin, hefte ich mein Arbeitsblatt in die passende Mappe.	1
5.	
6.	
7.	
8.	

Ich darf meine Klebebilder/Punkte eintauschen:

Anzahl der Punkte	können eingetauscht werden in:
2	1. Ein Klebebild (ggf. in Absprache mit den Eltern)
2	2. Beim Wechsel in anderen Raum vorne gehen dürfen
4	3. Teil/Teile für ein Lego-Spielzeug (in Absprache mit den Eltern)
4	4. Kakao/Milch holen gehen
6	5. Beim Vorlesen beginnen dürfen
9	6. Am Ende der Stunde kurzes Spiel für die Klasse aussuchen
9	7. Vorlesegeschichte für die Klasse aussuchen
12	8. Eis essen gehen mit den Eltern (in Absprache mit den Eltern)

Abbildung 15:
Ausgefüllter *Punkte-Plan* (Arbeitsblatt 9)

4. Legen Sie gemeinsam mit Ihrem Schüler/Ihrer Schülerin eine Wunschliste für Sonderbelohnungen an.

Bei sehr eingefahrenem Problemverhalten ist es in der Regel nicht ausreichend, Ihrem Schüler/Ihrer Schülerin Punkte als Belohnung zu geben. Wir empfehlen Ihnen daher, mit Ihrem Schüler/Ihrer Schülerin „Sonderbelohnungen" zu vereinbaren, die er/sie gegen eine bestimmte Anzahl von Punkten eintauschen kann. Überlegen Sie zunächst mit Ihrem Schüler/Ihrer Schülerin gemeinsam, worüber er/sie sich freuen würde, und erstellen Sie gemeinsam mit ihm/ihr eine Wunschliste, in die Sie möglichst viele Dinge eintragen.

Notieren Sie zunächst alle möglichen Vorschläge für Sonderbelohnungen, auch jene, mit denen Sie nicht ganz einverstanden sind. Besonders wichtig ist es, dass Sie auch kleinere Belohnungen aufschreiben, die Sie Ihrem Schüler/Ihrer Schülerin häufiger geben können. Dabei ist es günstig, wenn Sie nicht nur an materielle Dinge denken, sondern in erster Linie an Vergünstigungen und gemeinsame Aktivitäten. Hier einige Beispiele:

- Kakao/Milch holen,
- etwas vorlesen dürfen,
- Ihnen beim Kopieren helfen,
- Klebe- oder Sammelbilder,
- ein Buntstift.

© Klaus Gehrmann

Lassen Sie Ihren Schüler/Ihre Schülerin möglichst viele Vorschläge machen. Achten Sie darauf, mindestens fünf bis zehn Sonderbelohnungen mit unterschiedlichem Belohnungswert aufzuschreiben, d.h. in der Liste sollten sowohl kleinere als auch größere Belohnungen enthalten sein. Prinzipiell ist es auch möglich, Sonderbelohnungen auszuwählen, die bei den Eltern eingetauscht werden können (z.B. Eis essen, Lego-Männchen). Dies erfordert, dass Sie Ihr Vorgehen transparent machen und gemeinsam überlegen, welche Sonderbelohnungen es gebunden an die Eltern geben kann. Dies hat den zusätzlichen Effekt, dass die Eltern über das Verhalten ihres Kindes informiert sind und Veränderungen und Fortschritte in der Schule miterleben. Sie sollten sich jedoch sicher sein, dass die Eltern mit Ihnen an einem Strang ziehen und den Eintausch der Sonderbelohnungen auch vornehmen. Des Weiteren könnte der Schüler/die Schülerin Punkte sammeln und diese für Belohnungen für die ganze Klasse eintauschen. Dies setzt natürlich voraus, dass der Schüler/die Schülerin damit einverstanden ist. Des Weiteren sollten Sie einschätzen können, ob den Schüler/die Schülerin das Sammeln für die ganze Klasse zusätzlich unter Druck setzt. Sie könnten auch zunächst mit individuellen Belohnungen anfangen und nach einer gewissen Zeit des Übens Belohnungen für die ganze Klasse einführen. Wichtig ist in jedem Fall, dass Sie sicherstellen, dass der Schüler/die Schülerin nicht ausgelacht oder „gemobbt" wird, wenn er/sie das Ziel nicht immer erreicht. Grundsätzlich kann der Eintausch von Punkten für die ganze Klasse den zusätzlichen Effekt haben, dass der Schüler/die Schülerin seine Stellung in der Klasse verbessert und eine erhöhte Motivation aufzeigt. Die Voraussetzung hierfür ist allerdings, dass die Klasse über die Probleme des Schülers/der Schülerin informiert ist. Beispiele für Belohnungen für die gesamte Klasse können sein:

- eine Hausaufgabe weniger für die gesamte Klasse,
- 5 Minuten früher in die Pause,
- ein Klassenspiel am Ende der Stunde.

5.

6.

7.

8.

9.

10.

5. Bestimmen Sie die Anzahl der Punkte, die für die Sonderbelohnungen notwendig sind
Suchen Sie im nächsten Schritt die Sonderbelohnungen aus, mit denen Sie und Ihr Schüler/Ihre Schülerin beide einverstanden sind. Achten Sie bitte darauf, sowohl kleinere als auch etwas größere Sonderbelohnungen auszuwählen. Wählen Sie am besten mindestens vier verschiedene Belohnungen aus, günstigenfalls auch mehr. Vereinbaren Sie dann gemeinsam mit Ihrem Schüler/Ihrer Schülerin die Anzahl der Punkte, die er/sie für die einzelnen Belohnungen eintauschen muss. Orientieren Sie sich bzgl. der Anzahl der Punkte, die eingetauscht werden müssen, an der Anzahl der Punkte, die Ihr Schüler/Ihre Schülerin an einem Tag erhalten kann. Wenn Ihr Schüler/Ihre Schülerin an einem Tag etwas mehr als die Hälfte der möglichen Punkte erreicht, sollte er/sie die kleinste Belohnung bekommen können. Natürlich sollte die notwendige Punktzahl umso höher sein, je höher der Wert der Sonderbelohnungen ist. Tragen Sie die für jede Belohnung notwendige Punktzahl in *Arbeitsblatt 9: Mein Punkte-Plan (Spielregeln)* ein.

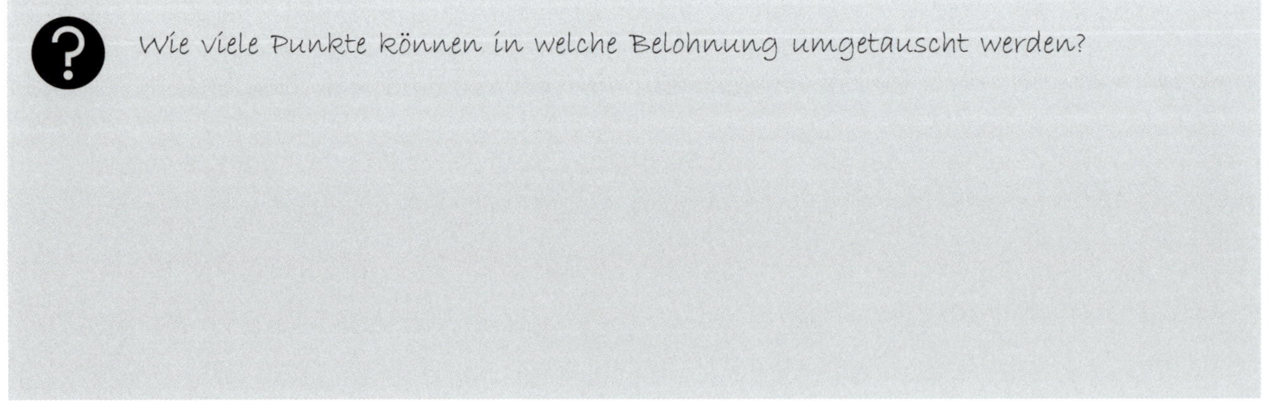

Die Durchführung des Punkte-Plans

1. Befestigen Sie den Punkte-Plan an einer für den Schüler/die Schülerin gut sichtbaren Stelle.
Bewährt hat sich beispielsweise ein Platz in der Nähe des Lehrerpults. Manchen Schülern/Schülerinnen ist es jedoch unangenehm, wenn auch andere den Punkte-Plan einsehen können. In solchen Fällen können Sie den Plan für den Schüler/die Schülerin aufbewahren oder, sofern Sie das dem Schüler/der Schülerin zutrauen, er/sie bewahrt diesen selbst auf. Sie können als Punkte-Plan das *Arbeitsblatt 10: Meine Punkte-Schlange* oder das *Arbeitsblatt 11: Mein Punkte-Konto* verwenden. Für kleinere Kinder, die noch

Schwierigkeiten im Umgang mit Zahlen und Mengen haben, ist die *Punkte-Schlange* besonders geeignet. In dieser Schlange „reihen" sich die verdienten Punkte aneinander. Dies ermöglicht den Kindern, einen guten Überblick über die Punkte zu behalten. Je mehr Punkte Ihr Schüler/Ihre Schülerin sich verdient, desto länger wird die Schlange. Sie haben hier auch die Möglichkeit, an den Rand der Schlange kleine Bildchen für Sonderbelohnungen zu malen, z. B. nach 6 Punkten „beim nächsten Vorlesen beginnen dürfen", nach weiteren 4 Punkten ein „Sticker". Im *Punkte-Konto* (siehe Abbildung 16) werden pro Tag die „verdienten" Punkte festgehalten. Diesen Plan können Sie mehrere Wochen lang verwenden.

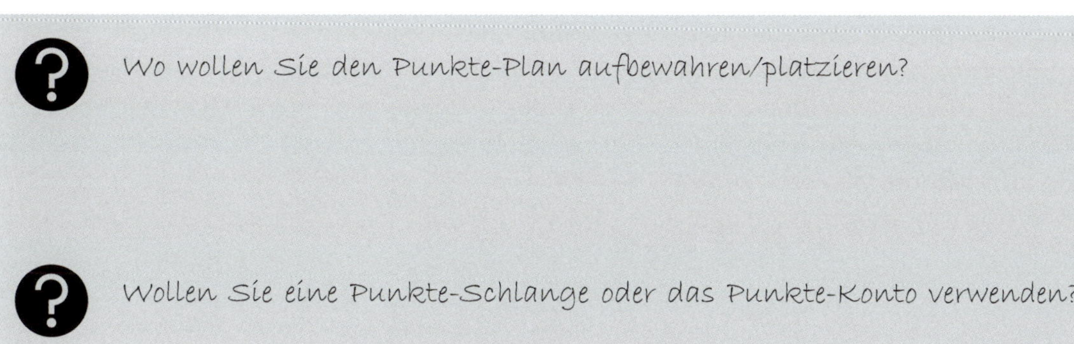

Arbeitsblatt 11 — Baustein 8

Mein Punkte-Konto

Regel	Montag	Dienstag	Mittwoch	Donnerstag	Freitag
Zu Beginn der Stunde liegen auf meinem Tisch nur Materialien, die ich brauche, alles andere räume ich in den Ranzen oder den Schrank.		☺		☺	☺
Spätestens nach der zweiten Aufforderung der Lehrerin beginne ich mit meinen Aufgaben.	☺	☺	☺	☺	
Ich bearbeite meine Aufgaben ruhig.			☺		
Wenn ich fertig bin, hefte ich mein Arbeitsblatt in die passende Mappe.	☺	☺	☺		☺

Abbildung 16:
Ausgefülltes *Punkte-Konto* (Arbeitsblatt 11)

2. Erinnern Sie Ihren Schüler/Ihre Schülerin an den Punkte-Plan.
Erinnern Sie Ihren Schüler/Ihre Schülerin zu Beginn der üblicherweise problematischen Situation an den Punkte-Plan und ermutigen Sie ihn/sie. Sagen Sie Ihrem Schüler/Ihrer Schülerin noch einmal kurz, wie er/sie sich verhalten soll, damit er/sie einen Punkt bekommen kann.

3. Geben Sie die Punkte sofort, nachdem sich Ihr Schüler/Ihre Schülerin unproblematisch verhalten hat.
Geben Sie Ihrem Schüler/Ihrer Schülerin sofort einen Punkt, wenn er/sie sich in der vereinbarten Situation erwünscht verhalten hat. Ihr Schüler/Ihre Schülerin kann diesen Punkt an der entsprechenden Stelle einkleben oder aufmalen. Zeigen Sie Ihrem Schüler/Ihrer Schülerin, dass Sie sich mit ihm/ihr freuen, und loben Sie ihn/sie für seine/ihre Anstrengung. Falls Ihr Schüler/Ihre Schülerin es nicht geschafft hat, sich unproblematisch zu verhalten, und somit keinen Punkt erhalten konnte, erklären Sie ihm/ihr kurz und in neutralem Ton, warum Sie ihm/ihr nun keinen Punkt geben konnten. Machen Sie ihm/ihr aber trotzdem Mut und motivieren Sie ihn/sie, sich beim nächsten Mal bzw. für die noch zu verdienenden Punkte noch mehr anzustrengen.

4. Besprechen Sie am Ende des Schultages mit Ihrem Schüler/Ihrer Schülerin, wie gut er/sie den Punkte-Plan erfüllen konnte.
Wenn Sie mit Ihrem Schüler/Ihrer Schülerin, zum Beispiel am Ende des Schultages, besprechen, wie gut der Punkte-Plan diesen Tag über geklappt hat, können Sie ihn/sie noch einmal besonders für seine/ihre Erfolge loben und ihm/ihr zeigen, dass Sie sich mit ihm/ihr freuen und wie wichtig Ihnen der Plan ist. Sollte es an einem Tag nicht so gut gelaufen sein, ermutigen Sie ihn/sie, es am nächsten Tag wieder zu versuchen.

Wann haben Sie Gelegenheit, noch einmal über den Punkte-Plan zu sprechen?

5. Keine Punkte entziehen!
Achten Sie darauf, dass Sie Ihrem Schüler/Ihrer Schülerin keine Punkte als „Strafe" entziehen, wenn er/sie sich im Laufe des Tages in anderen als den im Plan vereinbarten Situationen problematisch verhält. Es ist sehr zentral, dass Sie Ihrem Schüler/Ihrer Schülerin einmal „verdiente" Punkte auf keinen Fall wieder wegnehmen! Ansonsten kann der Punkte-Plan nicht erfolgreich sein. Der Punkte-Plan zielt auf die Veränderung eines ganz bestimmten, von Ihnen festgelegten Verhaltens ab. Erwarten Sie nicht, dass sich mit dem Punkte-Plan gleich auch andere Probleme „automatisch" erledigen.

6. Tauschen Sie die Punkte in Sonderbelohnungen ein.
Lassen Sie Ihren Schüler/Ihre Schülerin entscheiden, gegen welche Sonderbelohnungen er/sie seine/ihre erreichten Punkte eintauschen möchte. Er/sie hat entweder die Möglichkeit, eine geringere Punktzahl in eine kleine Belohnung umzutauschen, oder die Möglichkeit, auf eine größere Belohnung zu „sparen". Wenn Sie Ihrem Schüler/Ihrer Schülerin eine Sonderbelohnung gegeben haben, können Sie die dafür einge-

tauschten Punkte auf dem Punkte-Plan abhaken oder mit einem besonderen Zeichen versehen. Achten Sie darauf, Ihrem Schüler/Ihrer Schülerin die Sonderbelohnung auf jeden Fall zu geben, wenn er/sie die Punkte dafür erreicht hat. Der Punkte-Plan ist eine gegenseitige Abmachung. Ihr Schüler/Ihre Schülerin muss sich auf die getroffene Vereinbarung verlassen können, damit der Punkte-Plan wirken kann. Natürlich kann es vorkommen, dass Sie eine Sonderbelohnung nicht unmittelbar einlösen können, z. B. weil Sie aktuell keinen Buntstift vorrätig haben. In einem solchen Fall sollten Sie jedoch unbedingt mit Ihrem Schüler/Ihrer Schülerin den Zeitpunkt vereinbaren, zu dem er/sie die Sonderbelohnung erhalten kann – je früher, desto besser (mindestens innerhalb der nächsten Woche).

7. Keine zu hohen Erwartungen!

Erwarten Sie nicht, dass Ihr Schüler/Ihre Schülerin sich von Anfang an vollkommen unproblematisch verhalten und alle Punkte erreichen wird. Die meisten Schüler/Schülerinnen schaffen es erfahrungsgemäß in der ersten Woche, etwa die Hälfte aller möglichen Punkte zu erhalten. Das ist schon ein sehr großer Fortschritt! Sollte Ihr Schüler/Ihre Schülerin innerhalb der ersten drei Tage keinen einzigen Punkt verdienen, wurde zumeist ein Fehler bei der Entwicklung des Punkte-Plans gemacht und er sollte angepasst werden. Häufige Fehlerquellen sind, dass die Sonderbelohnungen nicht wirklich attraktiv sind oder dass die für einen Punkt vereinbarte Verhaltensänderung noch zu schwer ist. In der Regel wird ein Plan nicht mehr erfolgreich werden, wenn er nicht in den ersten Tagen schon Erfolge gezeigt hat. Brechen Sie in einem solchen Fall den Punkte-Plan erst einmal wieder ab und verändern Sie ihn, bevor Sie einen neuen Versuch starten.

Folgende Punkte können Ihnen bei der Überarbeitung Ihres Plans helfen:

- Ist das festgelegte Verhalten noch zu schwierig? Falls Sie diesen Eindruck haben, versuchen Sie, mit einem leichteren Problem zu starten oder komplexere Verhaltensweisen in einzelne Schritte zu unterteilen. Wie kleinschrittig Sie bei der Definition der Verhaltensregeln vorgehen, hängt davon ab, wie schwierig das erwünschte Verhalten für Ihren Schüler/Ihre Schülerin ist.
- Sind die erwünschten Verhaltensweisen klar definiert und nicht zu zahlreich? Achten Sie darauf, Probleme auf der Verhaltensebene zu formulieren – was genau soll Ihr Schüler/Ihre Schülerin tun? Schreiben Sie beispielsweise nicht „benimmt sich gut während des Unterrichts" oder „hält sich an Aufforderungen" (beide Formulierungen sind zu allgemein), sondern „bleibt in der Stillarbeitsphase an seinem Platz sitzen" (1 Punkt) und „räumt seine Arbeitsmaterialien ohne Diskussionen in den Ranzen" (1 weiterer Punkt)" – so weiß Ihr Schüler/Ihre Schülerin genau, was von ihm/ihr erwartet wird. Achten Sie auch darauf, nicht zu viele Regeln auf einmal festzulegen, damit Sie und Ihr Schüler/Ihre Schülerin nicht den Überblick verlieren und der Plan nicht mehr zu einer Belastung denn zu einer Hilfe wird.
- Sind die Sonderbelohnungen attraktiv genug? Überlegen Sie ansonsten gemeinsam mit Ihrem Schüler/Ihrer Schülerin, welche Belohnungen attraktiver sein könnten, und überarbeiten Sie die Liste mit den Sonderbelohnungen.
- Gibt es Belohnungen mit unterschiedlichem Belohnungswert, d. h. größere und kleinere Belohnungen? Manchmal wünschen sich Kinder nur eine bestimmte, etwas größere Belohnung, auf die sie hinarbeiten möchten. Achten Sie dennoch darauf, dass auch kleinere und mittlere Belohnungen in Ihrer Liste mit den Sonderbelohnungen auftauchen, die Ihr Schüler/Ihre Schülerin schon früher erreichen könnte. Es kann frustrierend sein, wenn Ihr Schüler/Ihre Schülerin sich gut an vereinbarte Regeln hält, die Sonderbelohnung jedoch weit entfernt ist. Auf der anderen Seite kann es Ihren Schüler/Ihre Schülerin motivieren, wenn er/sie weiß, dass er/sie seine/ihre verdienten Punkte schon gegen bestimmte Belohnungen eintauschen könnte.
- Gelingt es Ihnen, sich an die Regeln des Punkte-Plans zu halten? Der Punkte-Plan ist eine gegenseitige Vereinbarung zwischen Ihnen und Ihrem Schüler/Ihrer Schülerin. Sie möchten, dass Ihr Schüler/Ihre Schülerin sich an bestimmte Verhaltensregeln hält – umgekehrt muss Ihr Schüler/Ihre Schülerin sich darauf verlassen können, dass auch Sie sich an die getroffenen Vereinbarungen halten. Dazu gehört beispielsweise, dass Sie Ihren Schüler/Ihre Schülerin an den Plan erinnern und ihm/ihr regelmäßig

Punkte für sein/ihr erwünschtes Verhalten geben, dass er/sie verdiente Sonderbelohnungen zeitnah erhalten kann und dass Sie ihm/ihr einmal verdiente Punkte nicht wieder wegnehmen. Auf der anderen Seite sollten Sie Punkte auch nur für die vereinbarten Verhaltensweisen geben und nicht, wenn Ihr Schüler/Ihre Schülerin sich an anderer Stelle positiv verhält – auch dies kann dazu führen, dass Unklarheit und Unstimmigkeit darüber herrschen, wie Ihr Schüler/Ihre Schülerin sich Punkte verdienen kann. Reagieren Sie mit einem Lob oder einer anderen positiven Konsequenz, wenn Sie sich in anderen als den vereinbarten Situationen über das Verhalten Ihres Schülers/Ihrer Schülerin freuen!
- Denken Sie daran, den Punkte-Plan regelmäßig durchzuführen und die Punkte sofort zu vergeben, wenn Ihr Schüler/Ihre Schülerin sich an die vereinbarten Regeln hält!

8. Aller Anfang ist schwer!
Der Punkte-Plan mag zwar zunächst wie eine recht einfache Maßnahme erscheinen, er ist aber oft anstrengender als vermutet, da er sowohl von Ihrem Schüler/Ihrer Schülerin als auch von Ihnen selbst meist eine Umstellung fester Gewohnheiten verlangt. Achten Sie insbesondere darauf, dass Sie den Punkte-Plan möglichst genau führen und dass Sie Ihrem Schüler/Ihrer Schülerin einen Punkt sofort und an Ort und Stelle geben, wenn er/sie das vereinbarte Verhalten gezeigt hat.

Durchführungsdauer für den Punkte-Plan

Wenn Sie merken, dass Ihr Schüler/Ihre Schülerin üblicherweise alle Punkte erhält, können Sie die Anzahl der Punkte reduzieren. Eine Situation, in der sich Ihr Schüler/Ihre Schülerin zuvor drei Punkte „verdienen“ konnte, wird jetzt nur noch mit einem einzigen Punkt belohnt. Achten Sie dann jedoch darauf, auch die Punktzahl für die Sonderbelohnungen der nun neuen Situation anzupassen. Führen Sie den Punkte-Plan dann weiter fort. Bedenken Sie, wie lange das Problemverhalten schon besteht. Sie sollten einen Belohnungsplan frühestens dann beenden, wenn dieser ein bis zwei Monate erfolgreich gelaufen ist. Eine Variante ist, den Punkte-Plan zunächst probeweise auszusetzen und dem Schüler/der Schülerin eine Sonderbelohnung in ca. zwei Wochen in Aussicht zu stellen, wenn er/sie sich weiterhin so gut verhält. Oftmals „schlafen“ Belohnungspläne aber auch von alleine ein (Lehrkraft und Schüler/Schülerin „vergessen“, die Punkte aufzuschreiben oder in Belohnungen umzutauschen) und das Verhalten bleibt weiterhin stabil positiv. Dies wäre ein guter Verlauf. Achten Sie weiterhin darauf, viele positive Rückmeldungen zu geben!

Teil 2: Der Wettkampf um lachende Gesichter

Jetzt stellen wir Ihnen noch den Wettkampf um lachende Gesichter vor.

Die Vorbereitung des Wettkampfes um lachende Gesichter

1. Beschreiben Sie das problematische Verhalten Ihres Schülers/Ihrer Schülerin, um welches gespielt werden soll, möglichst genau.
Ausgangspunkt ist wieder die Beschreibung des Problemverhaltens, über die Sie sich weiter oben bereits Gedanken gemacht hatten. Bei dem Wettkampf um lachende Gesichter können Sie auch mit einem für Sie sehr schwierigen Problemverhalten beginnen, wenn Sie möchten, da Sie hier die Möglichkeit haben, Ihrem Schüler/Ihrer Schülerin jeweils kleine und kurze negative Konsequenzen zu setzen. Leichter wäre es aber

auch hier, wenn Sie zunächst mit einem etwas kleineren Problem anfangen. Wählen Sie für diesen „Wettkampf" möglichst ein Problemverhalten aus, das Ihr Schüler/Ihre Schülerin innerhalb einer bestimmten Situation oder zu einer bestimmten Tageszeit oft zeigt. Beschreiben Sie im nächsten Schritt möglichst genau, welches Problemverhalten das Kind genau immer wieder zeigt, z. B. „stört den Unterricht", „schubst in der Pause andere Kinder", „lenkt den Tischnachbarn ab" oder „gebraucht Schimpfworte". Auch hier ist es manchmal sinnvoll, komplexere Probleme in einzelne Probleme zu unterteilen. Bei dem Problem „stört den Unterricht" könnten Sie beispielsweise schreiben: „1. steht in Stillarbeitsphasen einfach auf; 2. ruft in die Klasse, ohne sich zu melden". Es hat sich bewährt, zu Beginn höchstens zwei verschiedene Verhaltensprobleme (z. B. in die Klasse rufen, in Stillarbeitsphasen aufstehen) für den Wettkampf um lachende Gesichter auszuwählen. Formulieren Sie das Problem so, dass auch Ihr Schüler/Ihre Schülerin genau weiß und versteht, was gemeint ist, und nutzen Sie keine ungenauen Beschreibungen. Eine genaue Beschreibung des problematischen Verhaltens ist für den späteren Punkteentzug sehr wichtig.

Tragen Sie die Verhaltensprobleme, die verändert werden sollen, auf dem *Arbeitsblatt 12: Wettkampf um lachende Gesichter (Spielregeln)* ein (siehe Abbildung 17 auf Seite 142).

2. Wählen Sie den Beginn und das Ende der „Spielzeit"

Schätzen Sie einmal, wie häufig in etwa das problematische Verhalten üblicherweise in der von Ihnen gewählten Situation auftritt. Beim Wettkampf um lachende Gesichter stehen für jede „Spielzeit" zehn Gesichter zur Verfügung. Wählen Sie den Beginn und das Ende der „Spielzeit" so, dass Ihr Schüler/Ihre Schülerin auch eine gute und realistische Chance hat, lachende Gesichter für sich zu gewinnen. Dies ist der Fall, wenn das Problemverhalten innerhalb der als „Spielzeit" definierten Zeit in der Regel nicht häufiger als zehnmal auftritt. Tritt das problematische Verhalten üblicherweise deutlich seltener auf, ist es möglicherweise sinnvoll, von vornherein um weniger als zehn Gesichter zu spielen. Für die „Spielzeit" sind besonders konkret umschriebene und nicht zu lange Zeitabschnitte geeignet, z. B. eine Stillarbeitsphase oder die ersten zwanzig Minuten des Unterrichts. Notieren Sie die Dauer der „Spielzeit" auf *Arbeitsblatt 12: Wettkampf um lachende Gesichter (Spielregeln)*.

3. Erklären Sie Ihrem Schüler/Ihrer Schülerin die Spielregeln des Wettkampfes um lachende Gesichter

Besprechen Sie mit Ihrem Schüler/Ihrer Schülerin, dass es Ihnen wichtig ist, einige Probleme zu lösen, durch die es immer wieder zu Konflikten kommt, und dass Sie dazu ein Spiel spielen möchten: den Wettkampf um lachende Gesichter. Erläutern Sie Ihrem Schüler/Ihrer Schülerin dann die Spielregeln zum Wettkampf um lachende Gesichter. Jeden Tag (bzw. innerhalb jeder Spielzeit) spielen Sie um zehn Gesichter. Die Gesichter gehören zunächst niemandem. Sie als Lehrkraft kennzeichnen immer dann ein Gesicht mit einem Stift für sich, wenn Ihr Schüler/Ihre Schülerin innerhalb der Spielzeit das vorher vereinbarte problematische Verhalten zeigt. Sie können dazu einen neutralen oder traurigen Mund in die Gesichter zeichnen. Alle Gesichter, die am Ende der Spielzeit noch übrig sind, darf Ihr Schüler/Ihre Schülerin als lachende Gesichter in seiner/ihrer Farbe anmalen.

Sofern Sie das Gefühl haben, dass diese Form des Spiels nicht in Ihren Unterrichtsablauf passt, können Sie auch eine andere Variante wählen. So haben Sie bspw. die Möglichkeit, dem Schüler/der Schülerin für unerwünschtes Verhalten immer Spielsteine, in einem Becher stehende Buntstifte etc. zu entziehen, falls Sie das Gefühl haben, dass es schwierig ist, in der Nähe Ihres Schülers/Ihrer Schülerin zu bleiben, und diese Variante „im Vorbeigehen" leichter umzusetzen ist. Legen Sie auch hier die Anzahl der Spielsteine, um die gespielt wird, fest. Hier wäre es dann so, dass die Spielsteine zunächst niemandem gehören. Analog zu den gemalten Gesichtern dürfen Sie als Lehrkraft sich immer dann einen Stein nehmen, wenn Ihr Schüler/Ihre Schülerin das vorher beschriebene Problemverhalten zeigt. Alle Steine, die am Ende der Spielzeit bei dem Schüler/der Schülerin liegen, darf Ihr Schüler/Ihre Schülerin behalten.

Arbeitsblatt 12 Baustein 8

Wettkampf um lachende Gesichter (Spielregeln)

Bei jedem Spiel wird um 10 Spielmarken gespielt.

Mein Lehrer oder meine Lehrerin malt in eine Spielmarke ein trauriges Gesicht, wenn:	Dauer des Spiels
1. *Ich während der Stillarbeitsphase aufstehe.*	*15 Minuten*
2. *Ich einem anderen Kind in der Stillarbeitsphase etwas wegnehme.*	
3.	
4.	
5.	
6.	

In alle Spielmarken, die am Ende übrig bleiben, darf ich lachende Gesichter malen. Sie gehören mir!

Ich darf meine Spielmarken eintauschen:

Anzahl der Punkte	können eingetauscht werden in:
6	1. *Ein Klebebild (ggf. in Absprache mit den Eltern)*
6	2. *Beim Wechsel in anderen Raum vorne gehen dürfen*
10	3. *Teil/Teile für ein Lego-Spielzeug (in Absprache mit den Eltern)*
10	4. *Kakao/Milch holen gehen*
12	5. *Beim Vorlesen beginnen dürfen*
15	6. *Am Ende der Stunde kurzes Spiel für die Klasse aussuchen*
15	7. *Vorlesegeschichte für die Klasse aussuchen*
25	8. *Eis essen gehen mit den Eltern (in Absprache mit den Eltern)*

Abbildung 17:
Ausgefülltes *Arbeitsblatt 12: Wettkampf um lachende Gesichter (Spielregeln)*

4. Legen Sie gemeinsam mit Ihrem Schüler/Ihrer Schülerin eine Wunschliste für Sonderbelohnungen an.
Legen Sie gemeinsam mit Ihrem Schüler/Ihrer Schülerin eine Wunschliste für Sonderbelohnungen an. Bitte lesen Sie dieses Vorgehen unter *Teil 1: Der Punkte-Plan* (Seite 134), nach, da sich diese beiden Vorgehensweisen entsprechen.

Wunschliste für Sonderbelohnungen:

1.

2.

3.

4.

5.

6.

7.

8.

9.

10.

5. Bestimmen Sie die Anzahl der lachenden Gesichter, die für die Sonderbelohnungen notwendig sind.

Suchen Sie nun gemeinsam mit Ihrem Schüler/Ihrer Schülerin die Sonderbelohnungen aus, die er/sie später gegen seine gewonnenen Gesichter eintauschen darf. Wie beim Punkte-Plan ist es auch hier wichtig, dass sowohl kleinere als auch etwas größere Sonderbelohnungen auf Ihrer Liste stehen. Wählen Sie mindestens vier verschieden große Belohnungen aus. Legen Sie im Anschluss gemeinsam mit Ihrem Schüler/Ihrer Schülerin fest, wie viele lachende Gesichter er/sie für die jeweiligen Belohnungen eintauschen muss. Schreiben Sie die Sonderbelohnungen und die dafür notwendige Punktzahl auf das *Arbeitsblatt 12: Wettkampf um lachende Gesichter (Spielregeln)*.

Wie viele lachende Gesichter können in welche Belohnung umgetauscht werden?

Die Durchführung des Wettkampfes um lachende Gesichter

1. Befestigen Sie den Spielplan (Arbeitsblatt 13) an einer gut sichtbaren Stelle.
Genau wie beim Punkte-Plan ist ein Platz in der Nähe des Lehrerpults gut geeignet, um den Spielplan aufzuhängen. Wenn Ihr Schüler/Ihre Schülerin nicht möchte, dass der Spielplan für andere sichtbar ist, können Sie ihn für den Schüler/die Schülerin aufbewahren und zur Spielzeit herausholen.

2. Erinnern Sie Ihren Schüler/Ihre Schülerin an den Wettkampf.
Erinnern Sie Ihren Schüler/Ihre Schülerin vor der entsprechenden Situation an den Wettkampf und ermutigen Sie ihn/sie, sich anzustrengen, um möglichst viele der lachenden Gesichter für sich zu gewinnen.

3. Markieren Sie sich sofort ein Gesicht, wenn Ihr Schüler/Ihre Schülerin eines der in den Spielregeln festgelegten Verhaltensprobleme zeigt.
Sagen Sie Ihrem Schüler/Ihrer Schülerin, dass jetzt ein Gesicht Ihnen gehört, wann immer Ihr Schüler/Ihre Schülerin eines der in den Spielregeln vereinbarten Verhaltensprobleme während der „Spielzeit" zeigt. Kennzeichnen Sie dieses Gesicht sofort in Ihrer Farbe bzw. mit einem „traurigen" oder „neutralen" Gesicht (Mundwinkel nach unten oder gerade) auf dem Spielplan. Verwenden Sie dabei einen möglichst neutralen Ton und achten Sie darauf, dies nicht in einer strafenden oder tadelnden Weise zu tun! Machen Sie Ihrem Schüler/Ihrer Schülerin Mut, indem Sie ihn/sie auf die vielen noch nicht verteilten Gesichter hinweisen, und ermuntern Sie ihn/sie, sich weiter anzustrengen.

Sofern Sie den Eindruck haben, dass Sie das Markieren der Gesichter während des Unterrichtsablaufs nicht direkt durchführen können, haben Sie die Möglichkeit, die Variante mit den Spielsteinen zu wählen. Nehmen Sie, sobald der Schüler/die Schülerin das unerwünschte Verhalten gezeigt hat, einen Spielstein weg. Dieser gehört dann Ihnen.

4. Besprechen Sie am Ende der Spielzeit mit Ihrem Schüler/Ihrer Schülerin das Ergebnis des Wettkampfes um lachende Gesichter.
Wenn die Spielzeit beendet ist, darf Ihr Schüler/Ihre Schülerin zunächst alle Gesichter, die noch übrig sind, als lachende Gesichter in seiner/ihrer Farbe markieren. Zählen Sie dann gemeinsam, wie viele Gesichter bzw. Steine Sie bekommen haben und wie viele Ihr Schüler/Ihre Schülerin gewonnen hat. Anschließend können Sie den „Sieger" ermitteln. Sollte es Ihrem Schüler/Ihrer Schülerin besonders schwerfallen, zu verlieren, können Sie auch darauf verzichten, den Gewinner zu ermitteln, und stattdessen mit ihm/ihr besprechen, welche Belohnung er/sie für seine/ihre Gesichter (Steine) eintauschen möchte oder wann er/sie eine Belohnung bekommen kann, wenn es weiterhin so gut läuft. Natürlich hat Ihr Schüler/Ihre Schülerin auch die Möglichkeit, seine/ihre Gesichter (Steine) zu „sparen" und später gegen eine größere Belohnung einzutauschen. Loben Sie Ihren Schüler/Ihre Schülerin bei dieser Besprechung noch einmal für seine/ihre Erfolge! Falls es einmal nicht so gut gelaufen sein sollte, machen Sie ihm/ihr Mut für den nächsten Wettkampf.

Wann haben Sie Gelegenheit, noch einmal über den Wettkampf um lachende Gesichter zu sprechen?

5. Halten Sie sich streng an die Spielregeln!
Für das Gelingen des Wettkampfes um lachende Gesichter ist es sehr wichtig, dass Sie sich nur dann ein Gesicht markieren bzw. einen Stein wegnehmen, wenn das vereinbarte Problemverhalten innerhalb der festgelegten „Spielzeit" auftritt. Auf keinen Fall sollten Sie ein Gesicht für sich kennzeichnen, wenn Ihr Schüler/Ihre Schülerin dieses Verhalten außerhalb der Spielzeit zeigt. Auch für neue, nicht vorher festgelegte Verhaltensprobleme, die Ihr Schüler/Ihre Schülerin während der Spielzeit zeigt, dürfen Sie kein Gesicht für sich ankreuzen bzw. keinen Stein wegnehmen. Damit der Wettkampf erfolgreich sein kann, muss Ihr Schüler/Ihre Schülerin sich darauf verlassen können, dass Sie sich an die zuvor besprochenen Spielregeln halten. Ganz wichtig ist es auch, dass Ihr Schüler/Ihre Schülerin versteht, welches Problemverhalten genau Sie meinen, das er/sie nicht zeigen darf. Wenn es Ihnen nach einigen Tagen oder Wochen sinnvoll erscheint, können Sie den Spielplan natürlich verändern und neue Spielregeln einführen. Falls Sie sich dazu entscheiden, sollten Sie dies jedoch mit Ihrem Schüler/Ihrer Schülerin in Ruhe und genau vorher besprechen und begründen. Tun Sie dies auf keinen Fall während der „Spielzeit", d.h., während der Wettkampf um lachende Gesichter gerade läuft!

© Klaus Gehrmann

6. Tauschen Sie die lachenden Gesichter in Sonderbelohnungen ein.
Ihr Schüler/Ihre Schülerin kann sich selbst aussuchen, welche Sonderbelohnungen er/sie für seine/ihre gewonnenen lachenden Gesichter erhalten möchte. Hat Ihr Schüler/Ihre Schülerin eine Sonderbelohnung bekommen, sollten Sie die dafür eingetauschten lachenden Gesichter auf dem Spielplan abhaken bzw. mit einem besonderen Zeichen markieren. Achten Sie darauf, Ihrem Schüler/Ihrer Schülerin die Sonderbelohnung auf jeden Fall zu geben, wenn er/sie genug lachende Gesichter dafür hat. Ihr Schüler/Ihre Schülerin hat sich große Mühe gegeben und hat sich diese Sonderbelohnung verdient! Natürlich kann es sein, dass Sie eine Sonderbelohnung nicht direkt geben können. Legen Sie in einem solchen Fall mit Ihrem Schüler/Ihrer Schülerin gemeinsam genau fest, wann er/sie die Sonderbelohnung erhalten kann (möglichst noch in der gleichen Woche). Das Ganze können Sie natürlich auch äquivalent mit den Spielsteinen durchführen.

7. Keine zu hohen Erwartungen!
Wie schon beim Punkte-Plan können Sie nicht erwarten, dass Ihr Schüler/Ihre Schülerin von Beginn an alle Gesichter gewinnen wird. Nach unserer Erfahrung bekommen die meisten Kinder in den ersten Wochen fast die Hälfte aller möglichen Spielmarken. Das ist schon ein sehr großer Fortschritt! Sollte Ihr Schüler/Ihre Schülerin innerhalb der ersten drei Tage kein einziges Gesicht für sich verdienen, wurde in der Regel ein Fehler bei der Entwicklung des Spielplanes gemacht. Dann ist es wichtig, die Spielregeln möglichst schnell anzupassen. Machen Sie sich gemeinsam mit Ihrem Schüler/Ihrer Schülerin Gedanken, weshalb er/sie nur so wenige oder keine Gesichter gewinnt! Ist es zu schwer, die Gesichter zu bekommen? Findet er/sie die Belohnungen nicht attraktiv genug? Oder hat der Schüler/die Schülerin vielleicht den Eindruck, dieses „Spiel" sei ein reines Bestrafungsinstrument?

8. Aller Anfang ist schwer!
Der Wettkampf um lachende Gesichter mag zwar wie eine recht einfache Maßnahme aussehen, stellt sich aber oft als anstrengender heraus als zunächst vermutet. Denn er verlangt sowohl von Ihrem Schüler/Ihrer Schülerin als auch von Ihnen selbst eine deutliche Veränderung des bisher gewohnten Verhaltens. Denken Sie daran, sich möglichst genau an die Spielregeln zu halten. Markieren Sie sofort ein Gesicht bzw. nehmen Sie sofort einen Stein weg, wenn Ihr Schüler/Ihre Schülerin das vereinbarte Problemverhalten zeigt. Auch wenn Sie sehr gute Erfolge mit dem Wettkampf um lachende Gesichter erzielen, ist es wich-

tig, dass Sie ihn einige Wochen gleichbleibend durchführen, damit sich das erwünschte Verhalten Ihres Schülers/Ihrer Schülerin festigen kann.

Durchführungsdauer für den Wettkampf um lachende Gesichter

Wenn Sie mit dem Wettkampf um lachende Gesichter gute Erfolge verzeichnen und Ihr Schüler/Ihre Schülerin meist alle oder fast alle Gesichter bzw. Steine gewinnt, können Sie auch zu einem Punkte-Plan (siehe Teil 1 in diesem Baustein) übergehen. Dann erhält Ihr Schüler/Ihre Schülerin für die gesamte Zeit einen Punkt, wenn es gut geklappt hat (d.h., dass er/sie das Problemverhalten in dieser Situation nur einmal gezeigt hat), und eventuell zwei Punkte, wenn es „super" geklappt hat (d.h., dass er/sie das Problemverhalten kein einziges Mal gezeigt hat). Wenn Sie den Wettkampf um lachende Gesichter in einen Punkte-Plan überführen, sollten Sie jedoch auch die Punktzahlen für die Sonderbelohnungen neu festlegen, da Ihr Schüler/Ihre Schülerin jetzt wesentlich weniger Punkte „verdienen" kann. Der Belohnungsplan sollte mindestens zwei bis drei Monate erfolgreich laufen, bis er abgesetzt werden kann.

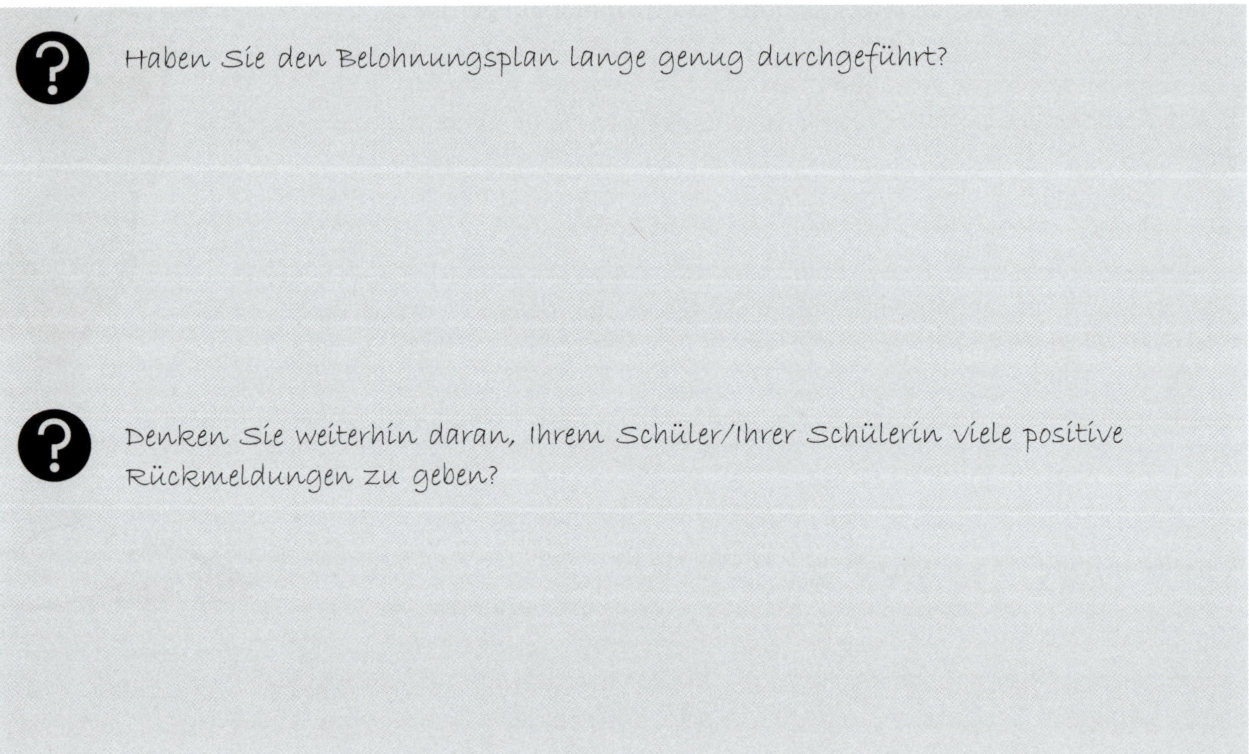

Beide Belohnungspläne erfordern von Ihnen Kraft und Energie. Daher ist es günstig, wenn Sie einen Belohnungsplan nicht unbedingt in einer sehr unruhigen Phase beginnen. Manchmal kann es aber sein, dass eine unruhige Phase auf die andere folgt, sodass man den Eindruck gewinnt, dass nie der richtige Zeitpunkt für einen Belohnungsplan kommt. In einem solchen Fall sollten Sie vermehrt darauf achten, die Beziehung zu Ihrem Schüler/Ihrer Schülerin zu stärken. Gehen Sie außerdem noch einmal mögliche Veränderungsvorschläge hinsichtlich der Rahmenbedingungen durch (Baustein 3). Wir wünschen Ihnen viel Erfolg mit Ihrem Belohnungsplan! Sollten Sie an einem Tag einmal nicht dazu kommen, den Punkte-Plan oder den Wettkampf um lachende Gesichter durchzuführen, greifen Sie ihn sobald wie möglich wieder auf.

Es ist nicht selbstverständlich, dass Sie Zeit und Energie in die Umsetzung eines Belohnungsplans investieren! Nach unseren Erfahrungen zahlt sich der Aufwand an dieser Stelle jedoch sehr aus. Immerhin werden Sie mit weniger Konflikten belohnt!

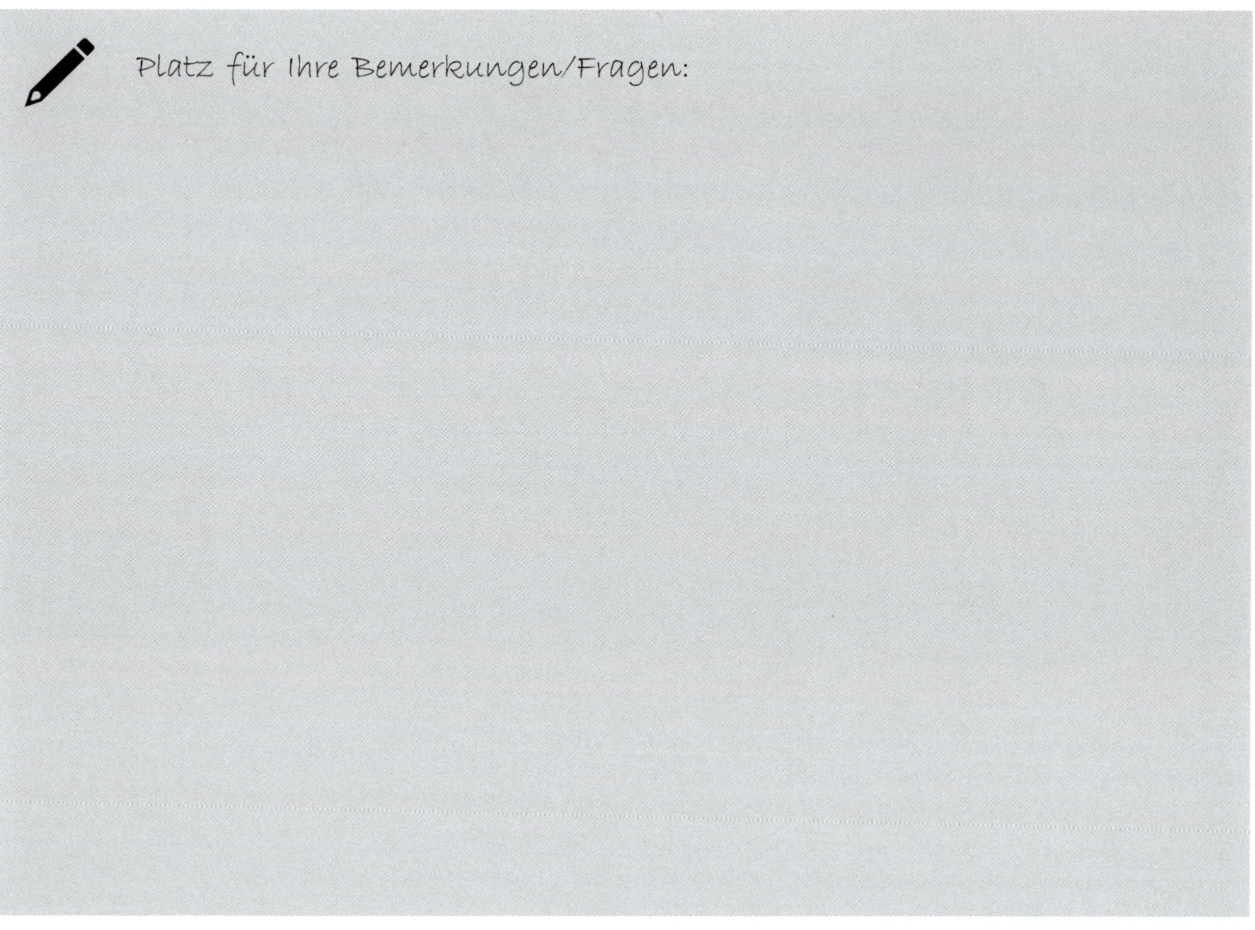
Platz für Ihre Bemerkungen/Fragen:

Arbeitsblatt 9 Baustein 8

Mein Punkte-Plan (Spielregeln)

Ich erhalte Klebebilder/Punkte, wenn ich es schaffe, folgende Regeln einzuhalten:

Regeln	Anzahl der Punkte
1.	
2.	
3.	
4.	
5.	
6.	
7.	
8.	

Ich darf meine Klebebilder/Punkte eintauschen:

Anzahl der Punkte	können eingetauscht werden in:
	1.
	2.
	3.
	4.
	5.
	6.
	7.
	8.

Arbeitsblatt 10 Baustein 8

Meine Punkte-Schlange

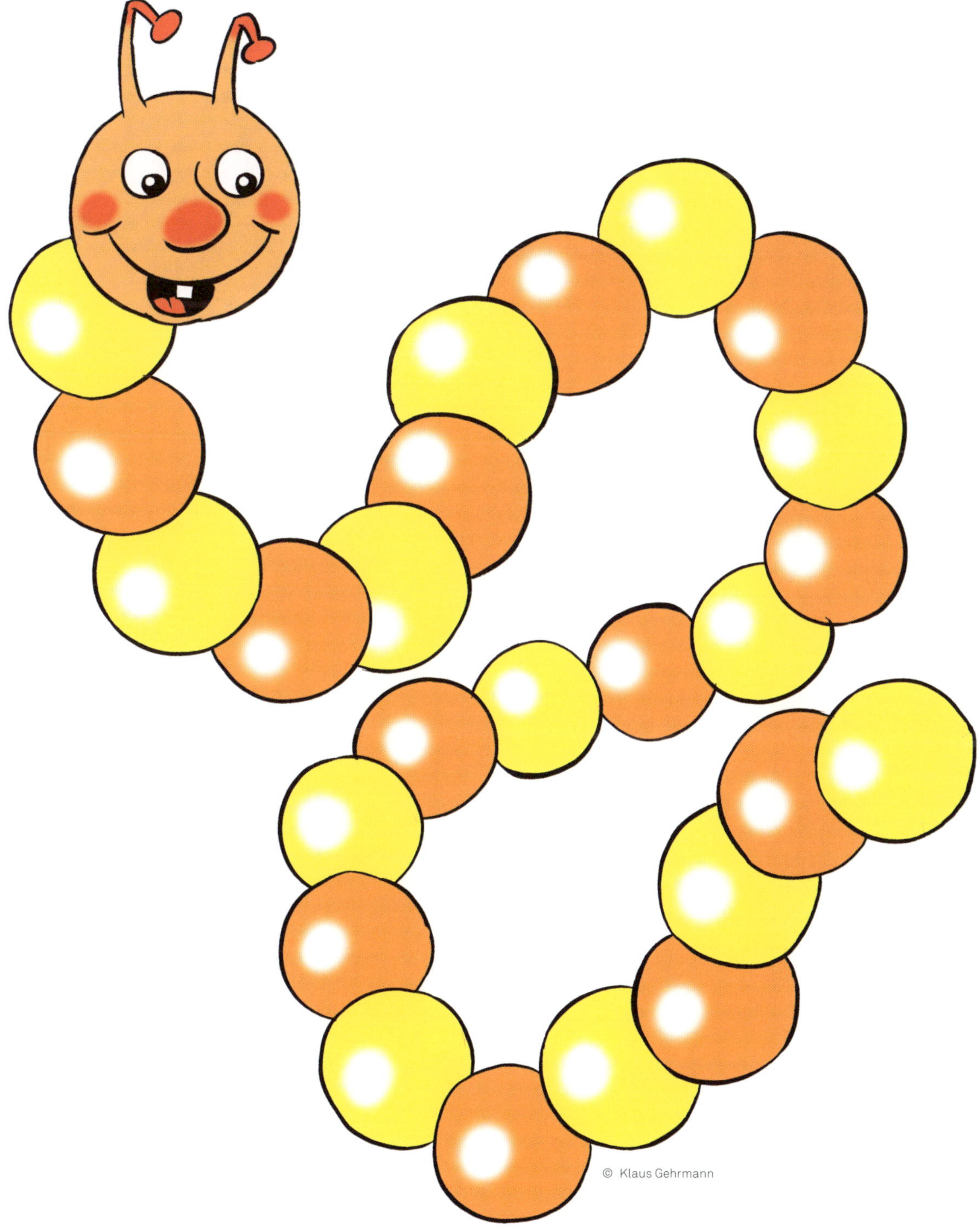

Arbeitsblatt 11

Baustein 8

Mein Punkte-Konto

Regel	Montag	Dienstag	Mittwoch	Donnerstag	Freitag

Arbeitsblatt 12 Baustein 8

Wettkampf um lachende Gesichter (Spielregeln)

Bei jedem Spiel wird um 10 Spielmarken gespielt.

Mein Lehrer oder meine Lehrerin malt in eine Spielmarke ein trauriges Gesicht, wenn:	Dauer des Spiels
1.	
2.	
3.	
4.	
5.	
6.	

In alle Spielmarken, die am Ende übrig bleiben, darf ich lachende Gesichter malen. Sie gehören mir!

Ich darf meine Spielmarken eintauschen:

Anzahl der Punkte	können eingetauscht werden in:
	1.
	2.
	3.
	4.
	5.
	6.
	7.
	8.

Arbeitsblatt 13 Baustein 8

Wettkampf um lachende Gesichter (Spielplan)

Datum des Spiels: Spieler 1: Spielmarke

Dauer des Spiels: Spieler 2: Spielmarke

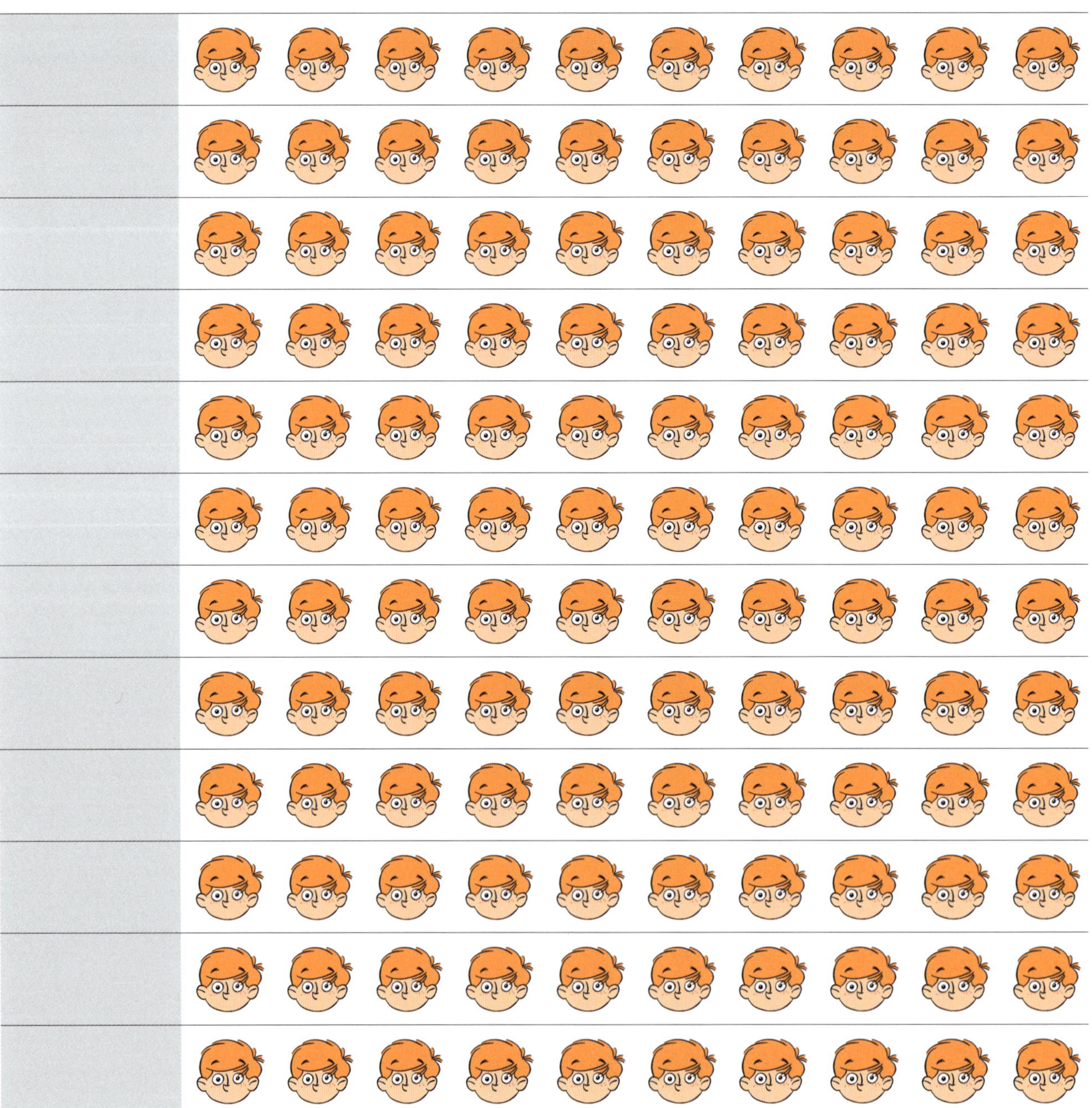

Hinweise zu den Online-Materialien

Sie können die in diesem Arbeitsbuch abgedruckten Materialien zusätzlich über unsere Internetseite abrufen und ausdrucken. Nutzen Sie dazu bitte den Link hgf.io/download und melden Sie sich nach den dort beschriebenen Schritten an. Wenn Sie nach der Registrierung den Code B-VZV7HM unter „Mein Konto > Zusatzmaterialien" im Eingabefeld einfügen, werden Sie automatisch in den Downloadbereich weitergeleitet und können die Online-Materialien zum Buch ausdrucken. Um die Materialien dauerhaft im direkten Zugriff zu haben, empfehlen wir Ihnen, sich die gesamten Materialien herunterzuladen und auf dem eigenen Rechner zu speichern.

Unsere Buchtipps

Uta Klusmann/
Natalie Waschke
Gesundheit und Wohlbefinden im Lehrerberuf

(Reihe: „Psychologie im Schulalltag", Band 1)
2018, 132 Seiten,
€ 22,95/CHF 29.90
ISBN 978-3-8017-2863-2
Auch als eBook erhältlich

Dieses Buch bietet einen umfassenden Überblick über aktuelle theoretische Ansätze und empirische Befunde zur Gesundheit und zum Wohlbefinden im Lehrerberuf. Zudem zeigt es ganz konkrete Handlungsmöglichkeiten für die Schulpraxis auf. Themen sind z.B. die Reflexion der beruflichen Rolle, die Erhöhung der Achtsamkeit und Selbstfürsorge im Schulalltag, mehr Professionalität in schwierigen Arbeitssituationen, die Ausgewogenheit der Work-Life-Balance sowie Anregungen für eine gesunde Schule.

Silvia Schneider/Lukka Popp
Emotionale Störungen und Verhaltensauffälligkeiten

(Reihe: „Psychologie im Schulalltag", Band 2)
2019, 133 Seiten,
€ 22,95/CHF 29.90
ISBN 978-3-8017-2898-4
Auch als eBook erhältlich

Lehrkräfte erfahren in diesem Buch, wie sie psychische Probleme erkennen und Hilfsmaßnahmen initiieren können: Es vermittelt Basiswissen über die Abgrenzung von normalen Entwicklungsproblemen und klinisch relevantem Problemverhalten. Es beschreibt den Zugang zu fundierten Therapieangeboten und erläutert deren Ablauf. Anhand praktischer Beispiele werden die häufigsten Verhaltensauffälligkeiten in der Schule beschrieben. Dabei werden psychologische Grundfertigkeiten vermittelt, die in den Schulalltag integriert werden können.

Charlotte Hanisch et al.
Schulbasiertes Coaching bei Kindern mit expansivem Problemverhalten (SCEP)
Handbuch zum Coaching von Lehrkräften

2018, 134 Seiten, Großformat,
inkl. CD-ROM,
€ 59,95/CHF 75.00
ISBN 978-3-8017-2813-7
Auch als eBook erhältlich

Das verhaltenstherapeutische Schulcoaching SCEP richtet sich an Fachkräfte, die Lehrpersonen im Umgang mit Grundschülern fortbilden möchten, die aggressives, oppositionelles, unaufmerksames, impulsives oder hyperaktives Problemverhalten zeigen. Neben einer eintägigen präventiven Fortbildung für ein Schulkollegium umfasst es ein etwa 12-wöchiges Einzelcoaching für die individuelle Weiterbildung einzelner Lehrkräfte. Das Einzelcoaching besteht aus 12 variablen Bausteinen, die individuell zusammengestellt werden können. Alle Materialien (z.B. Arbeitsblätter) sind auf einer beiliegenden CD-ROM enthalten.

Manfred Döpfner et al.
Ratgeber ADHS
Informationen für Betroffene, Eltern, Lehrer und Erzieher zu Aufmerksamkeitsdefizit-/Hyperaktivitätsstörungen

(Reihe: „Ratgeber Kinder- und Jugendpsychotherapie", Band 1). 3., akt. Auflage 2019,
56 Seiten, Kleinformat,
€ 7,95/CHF 10.90
ISBN 978-3-8017-3015-4
Auch als eBook erhältlich

Aufmerksamkeits- und Konzentrationsschwächen, impulsives Verhalten sowie körperliche Unruhe sind Kennzeichen von Kindern und Jugendlichen mit einer Aufmerksamkeitsdefizit-/Hyperaktivitätsstörung (ADHS). Die Neuauflage des Ratgebers informiert über die Erscheinungsformen, die Ursachen, den Verlauf und die Behandlungsmöglichkeiten von ADHS. Eltern, Erzieher und Lehrer erhalten konkrete Ratschläge zum Umgang mit der Problematik in Familie und Schule. Kindern und Jugendlichen werden Tipps zur Selbsthilfe gegeben.

www.hogrefe.com